ひげ紳士が

パチンコ店買い取ってみた。

2018年1月31日
幸チャレ最終日

本日はありがとうございました！

まえがき

幸手チャレンジャー（というより、幸チャレと呼んだほうが良いですね）のお客さんよりも、ゲームセンタータンポポのお客さんよりも、そして「パチンコ店買い取ってみた」の視聴者さんよりも、僕のほうが驚いています。まさか、本を出することになるとは思ってもみませんでしたから。

2015年9月、潰れかけのパチンコ屋がオリジナルの動画を作り、「パチンコ店買い取ってみた」としてYoutubeとニコニコ動画で配信

幸チャレオーナー
ひげ紳士

を始めたことが、この本を発売できた直接的なきっかけです。ただしその前提として、パチンコ業界がメジャーになっていく過程を肌で感じ、目の当たりにしてきた僕という存在があります。僕が生まれたのは1970年代、昭和で言うなら40年代から、パチンコを取り巻く環境は大きく変わっていきました。手打ち式から電動ハンドルになり、電役機が登場し、フィーバー機で一大ブームが到来したりと、パチンコ屋はどんどん拡大していきます。そんな業界の成長を僕はファンとして、パチンコ屋で働く人間として間近で見てきました。

今考えると、業界の大きな転機になったのはCR機の登場になるのでしょう。パチンコはあくま

でも遊技という建前がありますけど、景品に交換するという大きな目的＝ギャンブル性があってこそのモノだと思います。しかし、CR機が登場してからはギャンブルの方向へと大きく偏ってしまった。本来のギャンブル性とは、玉の動きという不確定要素と、ハンドルさばきという自らの腕が前提にあってこそだと思うのです。

幸チャレの外観や設置機種はやや古びたものですが、それでも今を生きているパチンコ屋ですから、どうしても時代に合わせて営業せざるを得ません。そのような状況でも、パチンコ本来の醍醐味を可能な範囲で楽しんでもらえるような店作りを心がけていますし、現在のパチンコの大きな要素であるコンテンツや演出なども楽しんでもらいたいという気持ちを込めています。

ただ、それだけでは僕自身も満足できないですし、きっと同じような人もたくさんいると思うんです。そこで、金銭面ではなく本来のパチンコらしさだけを楽しんでもらえる「ゲームセンタータンポポ」を開業しました。ゲームセンターではありますけど、僕のなかでは立派なパチンコ屋、それも昭和のパチンコ屋だと捉えています。

この本では僕とパチンコとのつながり、幸チャレでの出来事、ゲームセンタータンポポ開業までの話などを語っていくつもりです。あくまでも僕が体験したものので、パチンコ業界全体から見たらちっぽけな話かもしれませんが、極めて私的な視点から考える「大衆娯楽のあるべき形」を知っていただきたいと思います。

◆目次◆

◆第1章◆
ひげ紳士の下積み時代

幼少期の思い出

ルーツは小倉、静岡、新小岩

僕が生まれたのは昭和40年代の中ごろ。場所は九州、福岡県の小倉市（現・北九州市小倉区）でした。親父が小倉の人間だからですが、転勤などがあってほとんどそこでは育っていないんです。今回、この本を書くにあたって、古い写真を探すため久しぶりに帰ったりしましたけど、やっぱり懐かしいという感じではなかったかな。小倉には友達もいないですから、親の顔を見るだけ見て日帰りしちゃいました。実家の滞在時間よりも移動のほうが長かったりしましたけど、幸チャレやタンポポの仕事もあるので、なかなか時間や休みがとれないという事情もあります。

　自分の記憶として懐かしさを感じるのは、幼少期を過ごした母方の実家がある東京の新小岩、そして幼稚園から小学校まで住んでいた静岡県の静岡市でしょうか。母方には男の兄弟がいなかったため、親父は婿養子ではないものの、マスオさん的に結婚したそうです。それで僕が生まれてすぐに新小岩で暮らしたらしいのですが、やっぱり自分の仕事をしたかったみたいで。元々、母方の実家の仕事は造花屋さん。でも、親父は医療関係の技術者でしたから、複雑な気持ちもあったようです。それで静岡にあった会社の営業所に住み込みで引っ越したという形です。

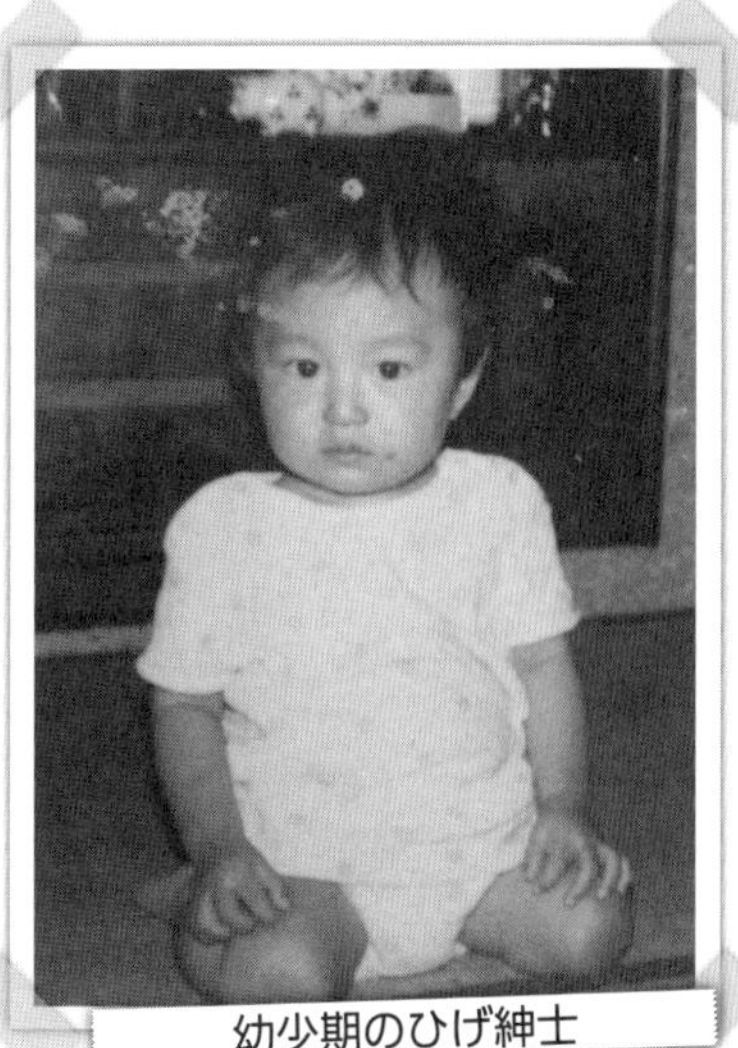

幼少期のひげ紳士

静岡市というのは世界的なプラモデルメーカーがいくつかあるところで、社会科見学でその工場に行く学校もあります。また、親父の仕事場は自宅に近く、そこには図面を書くようなドラフターという専用の机があったんです。小さい頃から仕事の邪魔をしつつ、製図を書くような専用のペンなどをおもちゃ代わりにしていましたから、自然とものづくりが好きになり、やっぱりプラモデルにもハマってしまうわけです。とくに好きだったのは、タミヤが得意としていた戦車や戦場のジオラマでしたけど、ちょうど小学校の頃には一大ガンプラ（機動戦士ガンダムのプラモデル）ブームもあったりしましたね。

プラモデル以外にも何か人とは違うものを作りたいという考えがあったのか、修学旅行の感想文を巻物のような形で提出することもありました。今でも自店の幸チャレでパチンコやパチスロ台の取り付け、内装などのちょっとした大工仕事は僕が率先してやっていますけど、これは静岡で育った際の原体験があったからでしょうね。機械のトラブルなどがあった場合でも、どこか楽しんで修理してしまうんです（単純に専門の業者に頼むような予算がないのも、大きな理由ではありますけどね……）。

巻物感想文

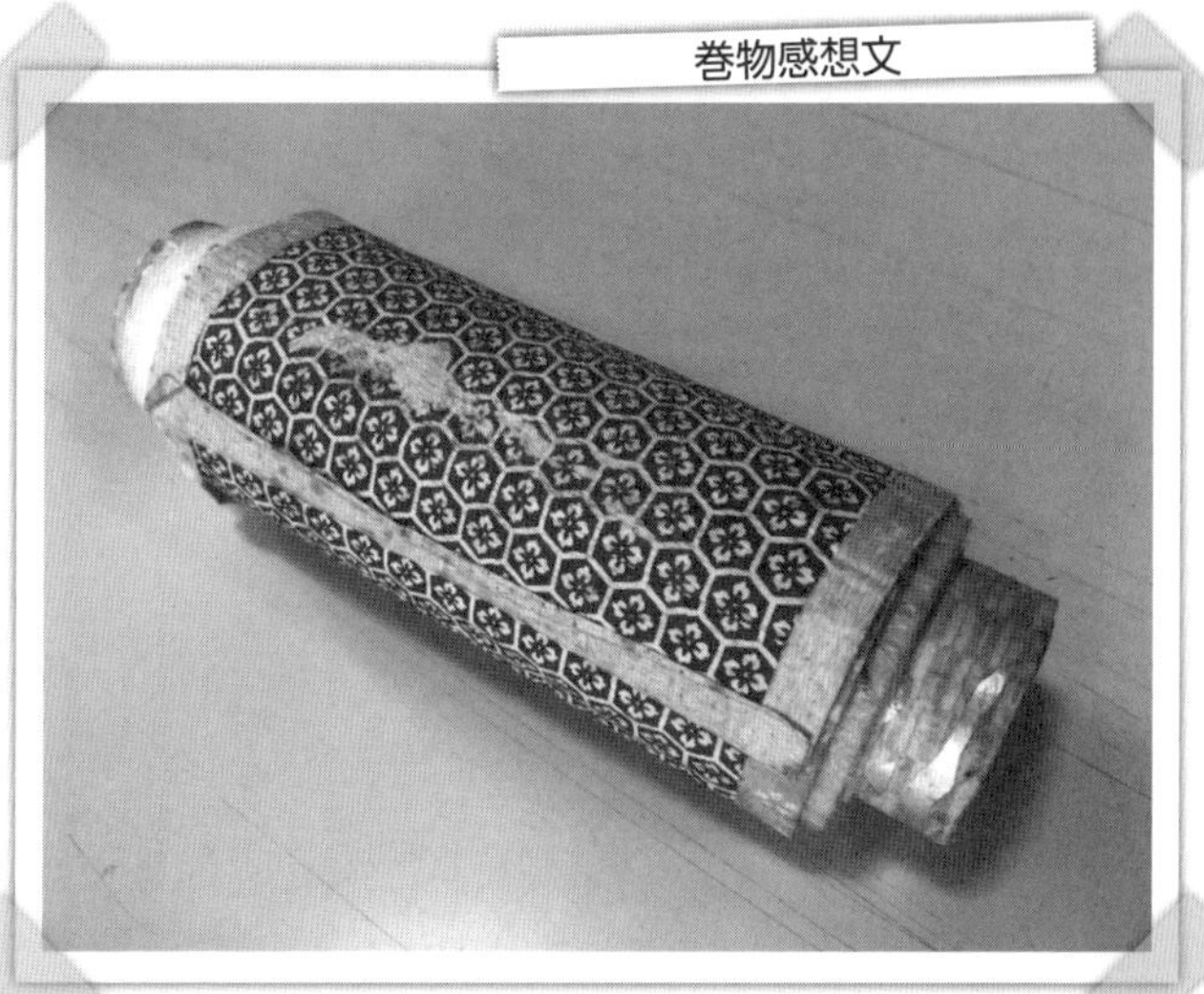

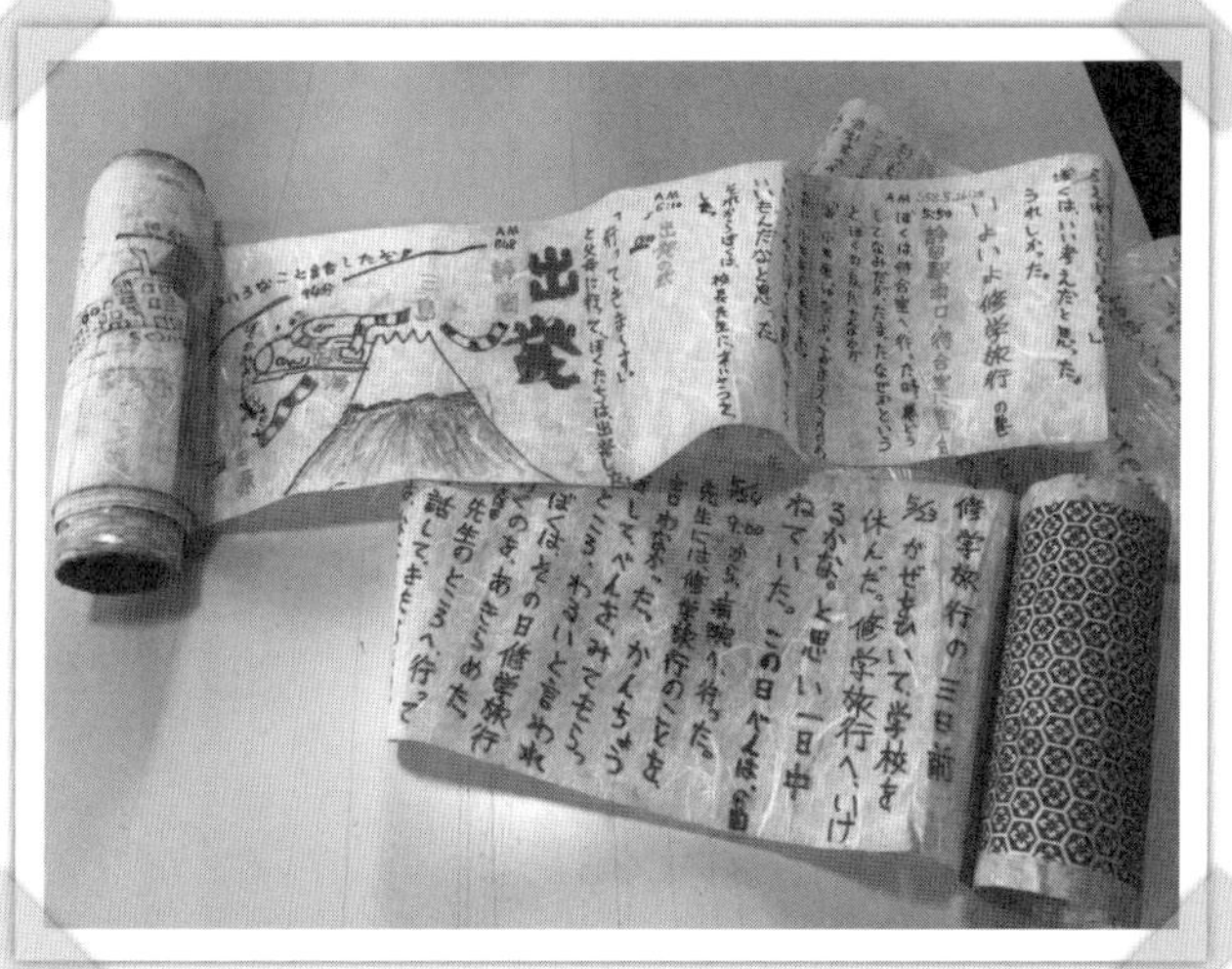

パチンコとの初対面

パチンコに初めて触れたのも静岡時代でした。と言っても、静岡市にいたのは幼稚園から小学校ですから、自分からパチンコ屋に入ったというわけではありません。何歳だったか正確な記憶はないですが、たしか小学校低学年の頃だったかな。気づいたら家にパチンコ台があったんです。これって僕と同世代の人にとっては「あるある話」で、当時は道端で手打ちのパチンコ台を売っていることが珍しくなかった。今になって考えてみると、電動式ハンドルが認められたのが昭和48年（1973年）のことで、そこから10年くらいで全面的に手打ち式から電動式に置き換わったようです。その間、店から外された手打ち式のパチンコ台を捨てるくらいなら、適当に安く売っ払っちゃえ……という感じだったのかなと。捨てるにもお金がかかりますからね。

親父はパチンコをやらない人でしたが、なんとなく面白そうだと思ったんでしょう。静岡市から小倉へ帰省したどこかのタイミングで購入し、結果的にそれが僕のおもちゃになったというのがパチンコ初体験です。今のパチンコのように電気も要らないですし、それでいてハンドルを弾けば玉が飛んでいろんな動きをしながら落ちていく。見ているだけでも楽しいですし、子供にとってパチンコが立派なおもちゃであるのは、現在でも子ども用のパチンコ台のおもちゃが売られているくらい自然なことなんでしょう。

さらに同じ頃、新小岩へ遊びに行った際に爺ちゃんから「遊びに行くぞ」と近所のパチンコ屋にも連れて行かれました。今では考えられませんが、当時は子連れでパチンコ屋へ遊びに行くことは一般的でした。そこで知らない近所の子どもと落ちた玉を一緒に追いかけたりして遊びましたし、店員さんも子どもには優しかったですよね。お菓子を貰ったりして、「ここは楽しい場所なんだ」って。チンジャラという音も心地良く、ワクワクしたのを覚えています。それからはパチンコ屋に連れて行かれるのが楽しみで、でも婆ちゃんと一緒に散歩へ行くとパチンコ屋に入らなくてがっかりしたり。その代わり、パチンコ屋の隣にあったおもちゃ屋でルービックキューブを買ってくれた時は嬉しかったですけどね。

今はなくなってしまいましたけど、当時の新小岩の商店街にはパチンコ屋が2～3軒ありました。こじんまりした、地元の常連さん相手のお店が。あのような風景は全国どこの商店街にもありましたし、同世代の人と話していると同級生がパチンコ屋の倅だったり、パチンコ屋っていうのは身近にある存在でしたよね。子供にとってはおもちゃ屋とか文具店と同じ立ち位置になるのかな。そういう環境の中で、親や祖父母の散歩に付き合ってパチンコ屋に立ち寄り、店員さんにお菓子を貰って喜んだりして。勝っても負けても小遣いの範囲内で、運良く出た場合でも換金するのではなく、子どものためにお菓子を茶色の紙袋に詰めて帰るような時代があったからこそ、パチンコは大衆娯楽と呼ばれたのかなと思います。

話はちょっと逸れてしまいましたが、その後の人生をパチンコに捧げることになったのは、元々賭け事が好きだった母方の爺ちゃんの影響であるのは間違いなさそうです。大酒飲みという点も同じで、親戚からは「爺ちゃんに似ちゃったなぁ」と言われます。これが良いのか悪いのかは分かりませんが、似ているからこそ今の仕事をしているのは否定できませんね。最初にパチンコ屋で働くと言ったとき、両親や婆ちゃんからは猛反対されましたけど。

手打ち式パチンコ

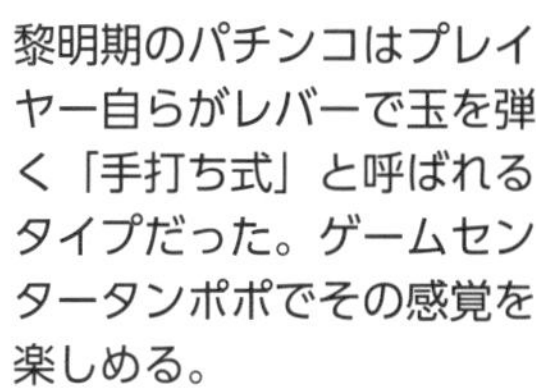

黎明期のパチンコはプレイヤー自らがレバーで玉を弾く「手打ち式」と呼ばれるタイプだった。ゲームセンタータンポポでその感覚を楽しめる。

中学〜高校時代

ちょっとヤンチャな生徒

親の転勤もあって、中学校からは埼玉県の大宮市（現さいたま市）で暮らすようになりました。今の僕を見ていただければ分かると思いますが、とても真面目な生徒で……ということはなく（笑）、適度に荒れていたんじゃないかと。学ランは裏地に刺繍が入った中ランで、下はもちろんボンタンですよね。ただ、この時代はそれが普通でしたし、真面目ではないけど完全な不良でもないという感じで、部活動もちゃんとやっていました。

部活は野球部で、顧問がまあ厳しい人でした。一緒にやっていた悪友が完全な不良になってしまい、それを見た顧問が精神を鍛え直すといって、相撲クラブを立ち上げたんですよ。そこには悪友だけでなく、当時から痩せていた僕まで参加させられて、しごかれまくり。でも、そのときに顧問から教えていただいた「克己」という言葉（自分の欲望や邪念に打ち克つという意味）は、今でも座右の銘にしています。ただ、悪友は更生することなく、風の噂では「ヤ」のつく自由業になってしまったそうです。余談ですけど、最近その悪友と久しぶりに会ったら、なぜか神父になっていて。たまにテレビでそういう話を聞きますけど、まさかアイツがという感じでした。

　そんなどこにでもいるような、ちょっとヤンチャな中学生が進む高校と言えば、やっぱり工業高校をイメージしますよね。子供の頃からものづくりが好きだという理由もありますけど、僕も埼玉県内の工業高校に進学します。まあ同じような野郎ばっかり揃いますから、それはそれは楽しくて。

学生時代のひげ紳士

きっと同世代の人がそうであるように、このタイミングで小学生の頃以来となるパチンコ屋にも入るようになりました。今では18歳未満の高校生がホールに入ろうものならすぐに叩き出されてしまいますけど、まだまだおおらかな時代だったんですね。先にパチンコ屋通いを始めていた友達に誘われて店内に入ったら、爺ちゃんに連れられて入ったときの記憶が甦ったんですよ。「ここは楽しい場所だ」って。ただ、子どもの時のように店員は優しく扱ってくれません。ほとんどがパンチパーマの「ヤ」がつく人みたいで、くわえタバコで店内をウロウロしているんです。ちょっと玉が詰まったからって店員を呼ぼうものなら、これでもかと怒鳴られたり。でも、そういう粗暴さに憧れる年頃ですから、カッコいいなとも思ったりして。新装開店があれば、学校が終わってからそのままパチンコ屋へ直行なんてこともしていましたが、さすがに学ランのままじゃヤバい。そういうときは詰襟の部分を裏返して入店し、バレバレだけど店員は見逃してくれたりと、改めておおらかな時代だったなと思います。

当時のパチンコは本当に面白かったですね。今みたいにデジパチばかりではなく、主力になっていたのは羽根モノでした。基本的に出たり入ったりしつつ、店によって違いますけど、3千発や4千発の打ち止めを目指すという形。打ち止めされた台は抽選で開放してくれて、それを狙うという基本的な戦略もありましたが、なかには「なぜこんなに釘が悪いのに打ち止めできたんだ?」という台もあったり。ストロークでどこを狙うかによっても出玉が変わって、ハンドルの部分に誰が付けたのか分かりませんけど、目安となる傷がつけられていることもありました。現在、タンポポにも当時の羽根モノを取り揃えていて、なかでも『スタジアム』という機種は僕が初めて打った機種でもあり、本当に大好きだったので、是非入れておきたいなと。パチスロの『スターダスト』も、僕が初めて打ったという思い入れがある機種なので、オープン時に導入しました。

ひげ紳士が愛した名機 ~その1~

スタジアム

子どもの頃に父親が買ってきた台を除き、ひげ紳士が初めて打った機種が羽根モノの『スタジアム』。その思い出もあって、ゲームセンタータンポポにも設置してある。

ひげ紳士が愛した名機 ～その２～

スターダスト

ひげ紳士が最初に愛したパチスロが『スターダスト』。BIGは「SUPER」揃いでスタートし、「7」＆「星」はREGだった。当時の機種らしく、攻略法も存在していた。

妊娠、中退、業界入り

当時の話に戻りましょう。当然ながら、パチンコを打つには軍資金が必要です。もちろん勝ち続けていれば問題ありませんけど、高校生のつたない腕ではそうもいかず、アルバイトを始めました。バイト先は地方都市らしくハンバーガー屋で、今から30年以上前はマクドナルドくらいメジャーだった「ドムドムバーガー」というチェーン店で働いていました。そこで、やっぱり同じようにちょっとグレていた同い年の女の子と出会い、付き合うようになります。高校生ですからやることもやっていたら、高校3年生のときに彼女が妊娠していることが分かりました。

いくつか選択肢があったかと思いますけど、僕は絶対に責任を取ると決断しました。であれば、高校生活を続けている場合じゃない、働いて養わなければとなりますよね。結果、卒業まで残り2ヶ月、高校3年生の1月に退学を決意します。幸い、彼女の実家には仕方ないねという感じで認めてもらいましたが、僕のほうはひと悶着あって（先生にはしっかり殴られましたけど、卒業してないのに卒業アルバムには載せてくれました）。

それなら家を出て彼女……いや、かみさんと生まれてくる子どもをしっかり食わせようと。それで決めたのが、パチンコ屋で働くということです。

　パチンコ屋で働くことを勧めてくれたのは、一緒にさまざまなパチンコ屋を回っていた友人です。現在、彼は不動産屋の社長をやっており、僕の動画も観てくれているようで、今でも「何やってんだ」という感じでたまに連絡があります。とにかく、当時の彼が「パチンコ屋なら寮もあるから住むところも困らないぞ」と。それで、前からちょくちょく通っていた与野市の駅前の店、今はもうないですが、「ベガス」とい

『ベガス』の跡地

※現在はファミレスになっている

う店へ行き、働かせてほしいとお願いしたのが業界入りのきっかけになります。僕が18歳ですから1980年代の後半です。バブル時代なので人手が足りなかったのか、すんなり決まりましたね。それに、当時はいくらでも良い働き口があったせいか、パチンコ屋は常に求人していた頃でもありました。スポーツ新聞の三行広告にはいつもパチンコ屋の求人があって、「完備している寮に即入居可」とか「タバコ支給」が謳い文句で。もう少し後の時代になるまでのパチンコ屋って、とりあえず体ひとつで働ける職場でもあり、訳ありの人とか流れ者とかも多かったんです。そして僕も、そんな一人でした。

※写真はイメージです

当時の三行広告

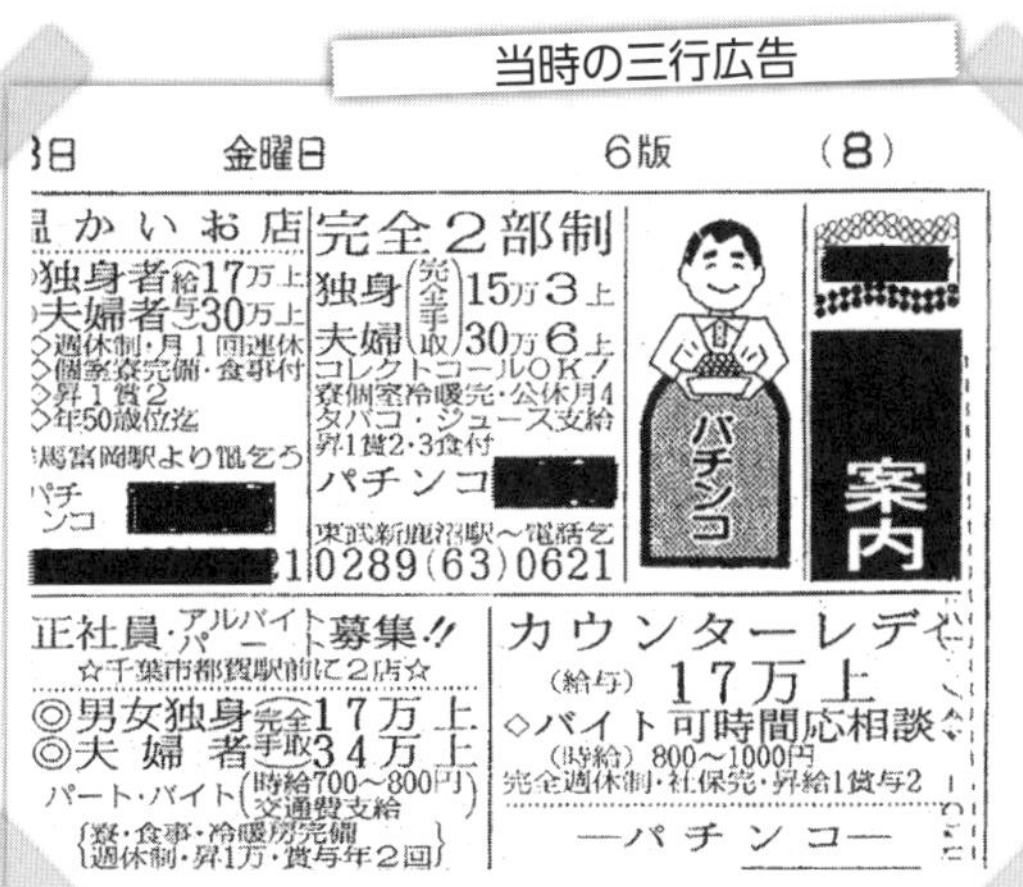

3日　金曜日　6版　（8）

かいお店
独身者 給17万上
夫婦者 与30万上
◇週休制・月1回連休
◇個室寮完備・食事付
◇昇1賞2
◇年50歳位迄
富岡駅より電乞う
パチンコ

完全2部制
独身（完全手取）15万3上
夫婦 30万6上
コレクトコールOK！
寮個室冷暖完・公休月4
タバコ・ジュース支給
昇1賞2・3食付
パチンコ
東武新鹿沼駅～電話乞
0289(63)0621

パチンコ

案内

正社員・アルバイト・パート募集!!
☆千葉市都賀駅前にて2店☆
◎男女独身 完全手取 17万上
◎夫 婦 者 34万上
パート・バイト（時給700～800円 交通費支給）
｛寮・食事・冷暖房完備 週休制・昇1万・賞与年2回｝

カウンターレディ
（給与）17万上
◇バイト可時間応相談
（時給）800～1000円
完全週休制・社保完・昇給1賞与2
―パチンコ―

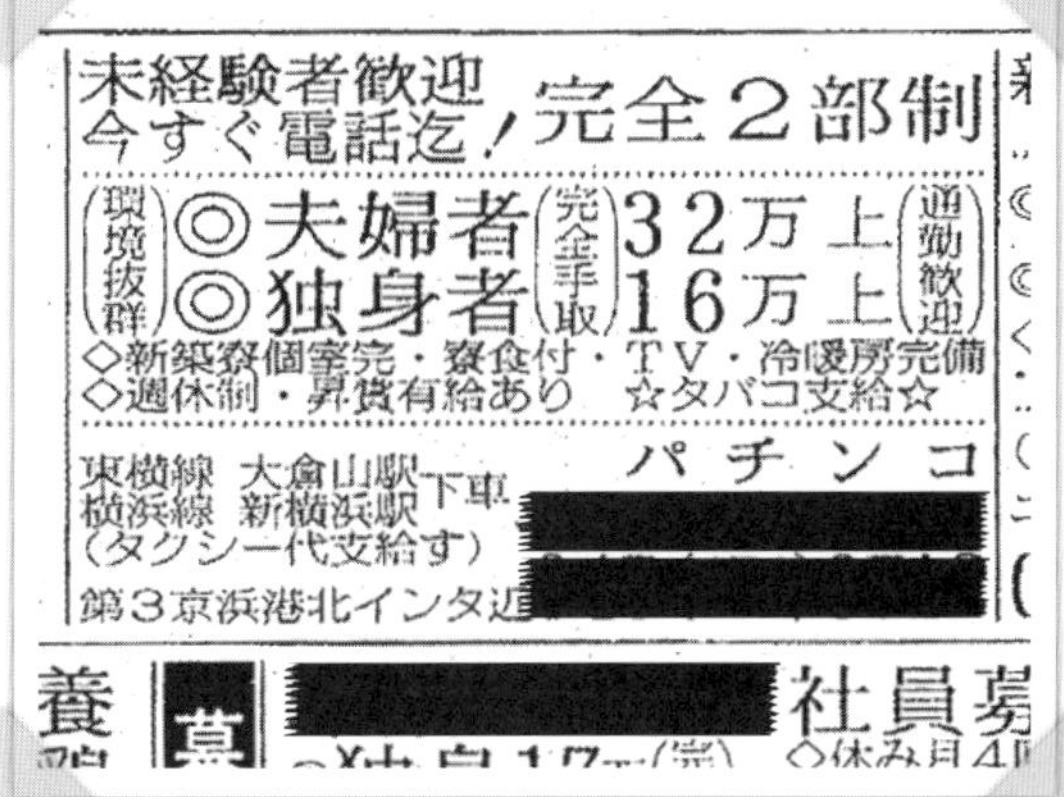

未経験者歓迎
今すぐ電話迄！完全2部制
（環境抜群）◎夫婦者（完全手取）32万上（通勤歓迎）
◎独身者 16万上
◇新築寮個室完・寮食付・TV・冷暖房完備
◇週休制・昇賞有給あり　☆タバコ支給☆
東横線 大倉山駅 横浜線 新横浜駅 下車
（タクシー代支給す）
第3京浜港北インタ近
パチンコ

社員募

1990年代のスポーツ新聞にあった三行広告には、パチンコ屋の求人がズラリと並んでいた。寮完備で即入居可、タバコ・ジュース支給などの条件が書かれており、体ひとつですぐに働けるというメリットを感じて、さまざまな人が応募してきた。

パチンコ屋時代

若手のホープ

客として通っていた店だったこともあって、働かせてくれと頼むのはなかなか勇気が要りました。それでもこれしか道はない、かみさんと生まれてくる子どもを僕が養っていかなければという一心でしたね。支配人につないでもらって、仕事をしたいんだと。その理由も包み隠さず話したら、「よし分かった、俺が面倒見てやる」と。正直、ほっとしました。僕の両親は高校を辞めること自体を反対していましたし、こちらも意地になって援助なんかしなくて良いからと実家を飛び出した形です。そういう意味でも住み込みで働けるパチンコ屋しか選択肢はなく、ダメなら何軒もパチンコ屋を当たってみようと思っていたので、最初にアタックした店で決まったのは嬉しかったですね。

働き口が決まったタイミングで籍も入れて、めでたく新婚生活、そして社会人生活がスタートします。幸チャレもそうですけど、この頃からある郊外型のパチンコ屋っていうのは2階が寮になっている建物がほとんどです。でも、僕が働き始めたのは駅前のホールだったため、近隣のアパートを借り上げた形の寮でした。夫婦者が働く場合には旦那が店内に立って、嫁はカウンター業務を任されるというのが定番でしたが、僕の場合はかみさんが妊娠中だったので、一人で働くという形にしてもらいました。それでも夫婦用の寮をあてがってくれて、本当に有難かったです。仕事も大好きなパチンコに接していられますし、古株の社員も可愛がってくれたので楽しかったですね。そもそも、今みたいに若い人がパチンコ屋で働くこと自体珍しく、それだけでも貴重な存在です。

当時のひげ紳士

しかも、面接に来て賄い飯だけ食べていなくなってしまうような人が多かった時代ですから（面接に履歴書さえ要りませんでした）、真面目に働けばどんどん信頼されるようになっていきます。僕としても頑張りがいがありました。

それから、そのホールは草野球のチームを持っていたんです。当然、野球部だった僕は期待されますし、2歳上の先輩ともども若手のホープとして大活躍ですよ。僕はエースで4番を任され、常連さんの会社のチームと試合をしたりと仕事も遊びも充実していましたね。ちなみに、その先輩は暴走族の幹部で、仲間が遊びに来た時には当たり穴に入れるというサービスを超えた不正もしていたんですけど、黙認されるような時代でした（笑）。

※写真はイメージです

師匠から学ぶ日々

「面倒を見てやる」と言ってくれた支配人は、自分にとって業界のことをあれこれ教えてくれた師匠的存在です。僕を拾ってくれたときは40歳だったかな、全身に紋々が入っていて、夏でも長袖を着ているような人でした。それでも釘を叩く腕は確かで、いろんなパチンコ屋に頼まれて立ち上げを任される、今で言うならコンサルタントみたいな感じですかね。羽振りも良くて、ベンツを転がしながら毎日のように夜の街へ通っていました。単純にカッコいいなと憧れましたし、この人についていって頑張れば僕もそうなれるんじゃないのかなと。

１年くらい働いた後、その師匠が別の店の立ち上げを任されることになりました。そして何人か可愛がっていた店員を連れて、そのなかには僕も入っていましたけど、草加市にあった「ビクトリー」という店に移ったんです。子ども（最初の子どもは息子でした）が生まれた場所ですし、「ベガス」には愛着もありましたけど、それ以上に師匠に恩義を感じていましたから。そこで給料もアップ、さらに班長という役職もいただき、信頼されている人間しか任されない金銭回収もできるようになります。さらに釘調整も徐々に覚えていくように師匠から言われて、外された台を寮の部屋に持ち込んで勉強の日々です。ちなみに、それは『フィーバーボルテックス』という機種で、攻略法が出てしまったおかげで撤去された台でした。

まずは分解して構造を学び、後は見よう見まねで釘を叩きました。板ゲージという精度の高い釘調整ができる道具もありますが、師匠が使っていたのは棒の端っこに大玉と小玉が付いているゲージ棒とハンマーだけ。小玉は店で使っている玉と同じサイズが基本で、大玉は釘師それぞれが気に入ったものを使っ

ビクトリーの跡地

※現在は回転ずし店になっている

ていたんですけど、この大玉のサイズ調整が難しくて。ハンマーも部品屋が売っているものを自分が使いやすく削ったりと、釘師それぞれにやり方があるんです。もちろん、僕は師匠の見よう見まねから始まり、ある程度できるようになったなと思ったら師匠に見てもらって。そこで師匠から「釘を叩くのは3本まで」とか「感覚を身に付けろ」なんてアドバイスをいただきましたが、結局この店では営業釘をやらせてもらうことはなく、勉強しただけで終わってしまいました。

その後、また師匠のところに新しい店を立ち上げるための依頼がありました。縁があるのかどうかは分かりませんけど、今の幸チャレにも近い埼玉の杉戸町にあった「セゾン」という店です。ここに今度は僕一人で派遣という形で送り込まれ、師匠から教わった釘調整の基礎を活かして、実際に営業釘として叩くようになります。その店の責任者から営業

フィーバーボルテックスⅡを
動画で打つひげ紳士

釘っていうものはこういうものだと教わりつつ、帳簿を見ながら一緒に叩いていたんですが、その店では朝に調整するというスタイルで。営業釘を叩けるのが嬉しくて仕方なかった僕は、少しでも早くやりたいという思いで徐々に出勤時間が早くなります。すると、責任者も負けじとその前に来るようになり、最初は朝の6時くらいだったのが、まだ夜が明けてない4時とか3時にまで早まってしまいました（笑）。

ちょっと余談になりますが、この頃の釘調整の話でもしておきましょうか。店側が叩くのは日々の営業釘で、新台についてはメーカー担当者による調整が慣例でした。自分が叩くようになったのは新要件時代でしたが、その前までは

セゾンの跡地

※こちらも現在は回転ずし店になっている

デジパチには「おまけチャッカー」というアタッカーが存在し、開くと玉の流れが変わって本来の倍以上も出るという特徴がありました。一方で、釘の調整をミスると出玉が少なくなって、お客さんから怒られてしまいます。そういう特殊な調整はメーカーの人間じゃないと難しいんですね。一発台もそうですけど、釘を調整して玉の流れを一変させるっていうのはある意味では職人芸ですし、メーカーごとにそれができる腕利きの釘師がいたものです。また、複数のメーカーから新台を買っても、ホールによってどこのメーカーが仕切るかっていうのも何となく決まっていて。仮にAというメーカーが仕切っているホールなら、Bというメーカーの人は入れ替え時にAからの指示に従うのが常だったりしました。どれくらい玉を出すかもAが店側と決めて、これくらいだからとBに伝えるという。新台を入れてから1週間くらいはメーカーにお任せでしたけど、どれくらいの出玉にしてくれと言えば、キッチリと揃えてくるからさすがです。それで、通常営業になったら店側が徐々に閉めていって、後は主だったところだけを開け閉めして営業するという流れです。もちろん、今ではメーカーも釘を叩きませんし、店側もメンテナンスの範囲内だけ。業界の花形であった釘師という存在は、絶滅してしまいましたね。

順調に出世し、業績もアップ

「セゾン」には主任で入り、最終的には支配人にまで昇進しました。自慢ではないですけど、かなり業績を上げましたから。その大きな要因になったのは釘調整ではなくて、仕掛けの面でいろんなことをやったのが大きかったですね。ちょうどパソコンが出回りだした時代で、そういうものに詳しい店員がいたんですが、新しいものが好きな僕は早速パソコンを購入して、店オリジナルのＰＯＰとか会員カードを作ったり、パチスロのリーチ目表を独自に作ったり。当時、そんなお店はなかったので話題になったんでしょう、徐々にお客さんが増えていきます。

そんなある日、上司であった部長が新台入替日に出勤しないという事件がありました。警察の検査がありますから店にいてもらわないと困るんですが、いくら電話をしても出てくれなくて。仕方ないので寮の部屋に行って無理やりドアを開けたら、開店するのが怖いと精神的に弱っていて。その頃の新台入替は３ヶ月に１回ぐらいしかなく、期待したお客さんが殺到します。メーカーなど取引業者も総出で迎える新台入替はそれだけの重責でもあり、ちょっとでも弱ってしまうと耐えられなかったんでしょう。結局、その部長は退職することになって、僕が仕事を受け継ぐことになりました。

支配人になって人事にも関わるようになってからは、まず働きが悪い店員に辞めてもらい、接客面にも力を入れるようになります。昔ながらの、かつて自分が憧れていたような粗暴な店員は、もう時代に合わないと感じるようになっていましたから。パチンコ業者が集まる東京の上野へ行った際に見た、接客重視の先駆けとも言える店に触発されたことも大きかったですね。そしてこの頃が、ちょうど業界の転換点でもあったんでしょう。それまでは、どれだけ出してもお客さん自らが運んでいたドル箱を店員が当たり前のように運ぶようになり、「いらっしゃいませ」や「ありがとうございました」という挨拶もしっかりさせるようになる。また、店員には若い人を積極的に採用するように

※写真はイメージです

なって、パチンコ屋の雰囲気も大きく変化しました。埼玉の田舎の店でそんな新しいスタイルをいち早く取り入れたのは僕だという自負がありますし、その結果として業績がアップしたんだと今でも思っています。

業績を上げて昇進もして、給料袋もどんどん厚くなっていきます。ピーク時には月の給料が100万円近くにもなり、さらに「別封筒」と呼ばれていた取っ払いのボーナスも定期的にあったりして。閉店後に売上げを箱に入れて持っていくんですが、社長が細かい人で札の向きを揃えつつ10枚ごとにまとめるように言われていたんです。その中から1万円の束を渡されるような形で、今考えると税金は……という感じですけど（苦笑）、とにかくあぶく銭がうなっていました。まだ20代前半ですから、それは調子に乗りますよ。店には朝と夜だけ顔を出して、昼は抜けて遊びに行くような毎日です。埼玉の人間が遊びに行くところと言えば池袋なんですけど、そこに後輩を引き連れてキャバクラへ通ったり、アルバイトを連れて焼肉屋へ行ったり。

そうやって調子に乗るとしっぺ返しがあるもので、業績は徐々に下がってきます。その頃には支配人、つまりは店長にもなっていましたけど、会社からは見切られたんだと思います。系列店への異動を告げられ、飛ばされた店は朝から晩までお客さんが計10人程度のどうしようもない店でした。そこで心を入れ替えて頑張れば良かったのかもしれませんが、一気に突き落とされたようで腐っちゃったんです。やることがないから汚れていない盤面を磨くだけになり、慕っていた師匠も時代の変化を感じ取ったのか田舎へと帰ってしまいました。すっかり気力をなくしてしまい、それでも家族を養う責任があるから辞めることもできずにいる毎日。そんな日々でも、さらに言えば調子に乗って遊び歩いていた頃も「これじゃいけないいな」と思っていたんですが、そんな現状はなかなか変えられなかったですね。

当時のひげ紳士

息子との別れ

新たな店で恩人に出会う

冷や飯を食わされ、腐った日々を過ごしていたら、転機が訪れます。

ある日、事務所に某業者の営業マンが遊びに来ました。新台入替は数ヶ月に1回、設備なんていったら数年に1回買うかどうかですけど、それでも営業マンは定期的に、いわば顔つなぎ的にやって来るんですね。商談はそこそこに雑談がメインだったりしますが、営業マンはいろんな店を回ってますから、こちらとしては情報とか動向なんかを仕入れる絶好の機会でもあります。また、師匠がそうであったように、店長や支配人っていうのは店を渡り歩くことが珍しくない時代だったので、どこかの法人が店長を探しているという話を持ってきてくれて。そのときも近くの別法人が店長を探していると聞かされ、「ここにいても、もうどうにもならないから」と決断しました。それが１９９０年代の後半、僕が27歳の時でした。

移った先は埼玉を地場に、パチンコが盛り上がりつつあった90年代から積極的に出店していた中堅チェーンの「エメラルドプレイランド」というところでした。僕としては、それなりの規模のチェーンで働くのは初めてでしたが、なんとか店長待遇で入社できました。ただし規模が大きく、また母体となる会社がスーパーマーケットを経営していたこともあったんでしょう、給料はそれまでの１／３

エメラルドプレイランドの跡地

※現在は中古車販売店になっている

くらいになってしまいます。社長との面接で聞いたときには一瞬悩みましたけど、それでも決めたのは今までの生活を断ち切りたいという思いがあったからですね。

実際に入ってみてまず驚いたのは、ちゃんとした会社だったことです。スタッフの接客に力を入れながらも、僕自身は古いパチンコ屋の役職者らしく虚勢を張る部分もあったのですが、今度の会社ではそうはいきませんでした。社長からは「お客さんだけではなく、スタッフにも出入り業者にもちゃんと挨拶をしろ」と釘を刺されたりと、一般常識から叩き込まれたといっても過言ではありません。高校を中退してパチンコ屋に入り、そこから他の世界を知らずに10年近く経っていましたけど、今までの振る舞いがダメだったと気づきました。業界の中では通用していたかもしれないけど、外の世界ではまるでダメなんだと痛感させられましたね。今でも人としての基礎を叩き込んでくれた社長には感謝していますし、最初の店の支配人がパチンコ業界の師匠なら、この会社の社長は人生の恩人だなと思っています。

人間的にはダメな僕でしたけど、他の役職者はスーパーマーケットから異動してきた人ばかりで、パチンコ業界を渡り歩いていた僕にとっては活躍する場は多かったですね。ちょうど業界全体が好調なときでしたから、それまでも利益は上げられていたんですけど、客数に比べるとどう考えても少ない。数字を見るとビックリするくらいの低粗利でやっていて、お客さんにとっては優良店かもしれませんけど、会社としてこれではダメだろうと。しかるべき数字でやらないと本当に出したい時に出せませんし、設備や機械だって新しくできませんから。そこでメリハリをつけた調整や、前の店で結果を出した装飾や独自のメール配信、そして人材育成などを実行したところ、短期間で利益率を上げつつ稼働もアップ。３年近く働いたところで以前からいた店長たちを抜いて全店舗を統括する立場になったんです。そこからは自分のノウハウを各店長に教えつつ、社長と一緒に新卒者採用を始めたり、新店の立ち上げも任されたりと、仕事の面では充実していきます。

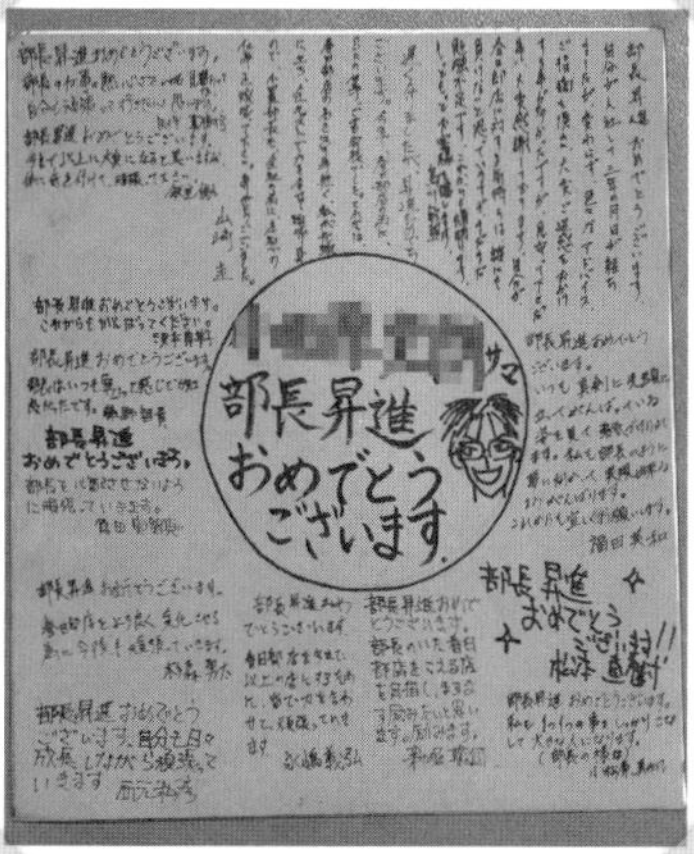

昇進時にいただいた寄せ書き

息子からの電話

その頃、90年代からのパチンコCR機ブームはちょっと落ち着いていましたが、それでもチェーン全体の成績は好調をキープ。また、パチスロは技術介入機やCT機で若いお客さんが一気に増えて、業界全体が盛り上がったまま21世紀に突入しました。僕も責任ある仕事にやりがいを感じていたところ、人生で最も大きな事件が起こります。

僕が新店の立ち上げに奔走していた際、小学校5年生になっていた息子から電話が入りました。どうしたんだと電話を取ると、「火が出てる」と。慌てて車を飛ばし、当時住んでいた春日部市のマンションへと戻ります。でも、玄関のドアノブが熱くなっちゃってて、なかなか開けられません。それでも火傷しようが関係なくドアを開けると、息子が玄関に倒れていました。そのときはまだ息があったんですが、病院に運んだところで亡くなったと。かみさんは2人目の子どもである娘を連れて外出しており、病院に駆けつけたところで初めて怒鳴ってしまいました。悪いことをしたなと反省しましたが、その瞬間はどこにこの気持ちをぶつけたらいいのか分からなかったんです。忘れたくても忘れられません、２００１年3月25日のことでした。

それからしばらくは、もぬけの殻です。死にたいとも思いました。かみさんとの間に息子ができたのがパチンコ業界へ入るそもそものきっかけでしたし、そこからの自分の人生を決めた存在でしたから。荒れた生活をしていた時期もありましたけど、家族はずっと大事にしていましたし、家族のために頑張ってきました。せめて葬式をちゃんとやってあげたくても、そんな気力さえない。そんな時に手配をすべてやってくれたのが、人生の恩人である社長です。真っ先に病院に来てくれて、どうしたら良いのか分からないまま社長にし

マンション火災で
留守番の小4死亡
埼玉・春日部

二十四日午後十一時四十五分ごろ、埼玉県春日部市■「■」三階のパチンコ店長■さん(29)方から出火、約七十平方メートルのうち、子ども部屋など約二十平方メートルを焼いた。この火事で■さんの長男で同市立■小四年■君(10)が病院に運ばれたが、一酸化炭素中毒で間もなく死亡した。

春日部署の調べによると■さん方は四人暮らし。出火当時、■さんは仕事に出ており、妻(29)と長女(4)も不在で、■君が一人で留守番をしていた。

出火直後、■君は■さんの携帯電話に「布団がこげた」と泣きながら連絡。約四十分後、■さんが仕事先から戻った時には、■君は煙に巻かれて玄関で倒れていた。同署は、子ども部屋の電気ストーブが火元とみて調べている。

新聞記事

※読売新聞 2001年3月26日朝刊

がみついて泣いちゃいました。仕事はできるようになったら復帰すれば良いと言ってくれて、3週間近く休みましたね。なんとか立ち直って店に行ったら、新聞記事か何かで知ったんでしょう。顔を知ってるようなお客さんからは黙って差し入れを貰ったり、励ましの言葉をいただいたり。話したことがなかったパチプロから無言で栄養ドリンクの箱を手渡されたりして、なんかパチンコ屋って良いなって改めて思いました。

かみさんとは息子を亡くしてから数年間でぎくしゃくした関係になってしまい、結局離婚してしまいます。娘はかみさんに付いていき、仕送りだけする形で。娘は大学生になった時にミスコンテストで準ミスになり、ちょっとしたアイドルみたいなこともやっていたようです。別れたかみさんからそんなことを聞いた時には秋葉原までライブを見に行きましたけど、声はかけられなかったです。ただ元気でいてくれれば、父親としてそれ以上望むことはありません。

息子を亡くし、改めてパチンコ屋で働くという素晴らしさを実感してからは、もう失うものはないんだし、目の前のハードルを楽しみながら乗り越えようという考え方になりました。そして、息子の分まで生きなければなりませんし、それなら悔いのないようにやりたいことをやろうと。幸チャレでもタンポポでも多くのピンチがありますけど、すべてはこの経験があったから頑張れて、笑ってやり過ごせるんでしょう。

社長に支えられ、お客さんから応援してもらいながら仕事に戻ってからは、それまで以上に働くようになります。いろいろな研修にも積極的に参加して、経営の仕組みを勉強したり人間性を高めたり。異業種の方とも交流を持ち、経営の質を高めるにはどうすれば良いかを常々考えたりもしました。社長からは経営者的な感覚も持ってくれと言われていたので、もしかしたら後継者として見てくれていたのかもしれないですね。

人生の恩人である社長との写真

業界との決別

震災、そして独立

社長の下での新店立ち上げも順調で、10年ほどで店舗数は2倍くらいに成長します。この頃にはすっかり経営者なポジションになり、それでも初心を忘れてはダメだと現場にも顔を出したりと、独身になったことで仕事ばかりの毎日でした。

そんな時に起こったのが、2011年3月11日の東日本大震災です。埼玉だったので直接的な被害はなかったんですが、業界に対するイメージが一気に悪くなってしまいました。都知事の発言に端を発したパチンコバッシングは本当に深刻で、お客さんがどんどん少なくなっていきます。それならばと集客イベントをやったり広告を出したりしようとしても、震災後の広告宣伝規制によって何もできない。それまで働き詰めだったこともあるのかな、僕の中で仕事に対する思いが突然なくなってしまいます。本当にプツンという感じで。恩人である社長が震災の前年に退職されたこともあって、仕事が面白くなくなっちゃったんです。

そう言えば、前の店でも同じようなことがありましたから、僕の悪い癖なのかもしれません。でも、その時には若さもあって思い上がってしまったという原因がありましたけど、この時ばかりはなぜこうなったのか分からないんです。息子を失った悲しみを乗り越え、パチンコ屋で頑張るしかないんだと決意したのにです。

結局、震災後に1年弱は働きましたけど、長くお世話になった会社を辞めてしまいます。その時に何をやろうかと考え、せっかく経営者としての勉強もしたから独立してみようと。でも、広告宣伝規制で落ち込んでしまったパチンコ業界みたいな、がんじがらめの仕事はやりたくない。これまでの経験を生かしながらできることって何だろうと考えに考えた結果、立ち上げたのが冠婚葬祭業。どちらかと言えば「葬」に重きを置いた仕事でした。もしかしたら、息子の死で僕自身が喪主となって葬儀を体験したのも一因かもしれませんが、冠婚葬祭業界は慣習産業で、常識を打ち破っていろんなことができる「伸びしろ」を感じたんです。ガチガチな決まりがなく自由にできる。さらに、いつしかエンターテインメントと呼ばれるようになったパチンコ業界での経験をもとに、ただ悲しいだけではなくて感動させるような葬儀もやれるんじゃないかと。

会社ではなく個人事業として冠婚葬祭の仕事を始めたのは、2011年の後半です。がんじがらめではなくてもしがらみはあって、とくに病院とのつながりには利権もありました。でも、それを壊していくのは面白かったですし、今までの慣習にはないアイデアを出すのも楽しかった。新しい形のお墓を実際に作ってみたりもしましたし、コンサルティングのようなこともやりました。でも残念ながら、軌道には乗せられなかった。上手くいっていたら幸チャレもタンポポもありませんでしたし、この本を書くこともなかったから結果的には良かったのかもしれませんが、その時の僕としては大変ですよ。それまでの貯えも減ってしまい、この先どうやって食べていったら良いかを真剣に考えなければなりませんでしたから。そんな先が見えなくなったタイミングで、たまたま話が来たんです。「幸チャレを買わないか?」と。

Challenger
チャレンジャー

Youtuberホール社長

ひげ紳士の挑戦記

〜大衆娯楽を取り戻す!〜

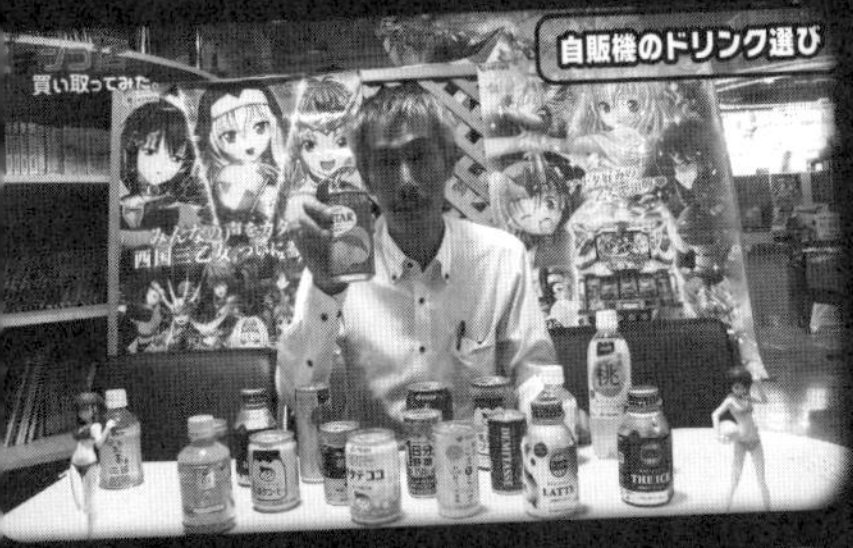

自販機のドリンク選び

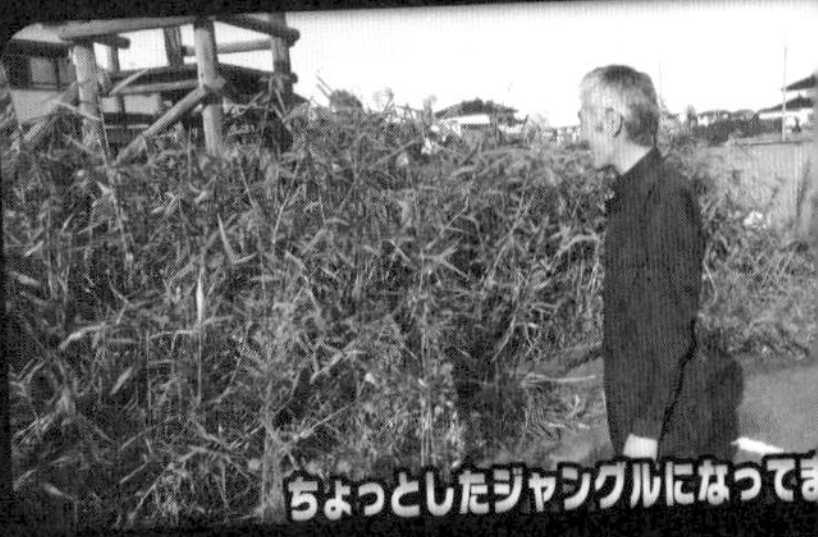

ちょっとしたジャングルになってま

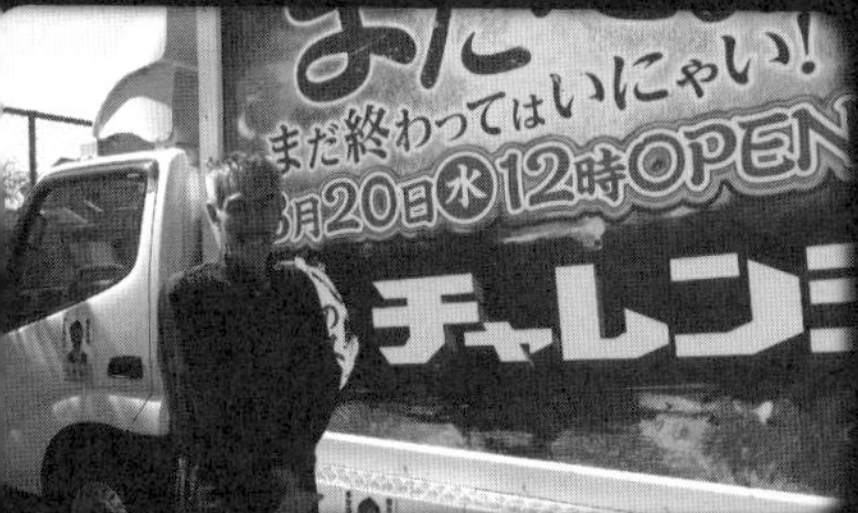

まだ終わってはいにゃい！
月20日(水)12時OPEN
チャレン

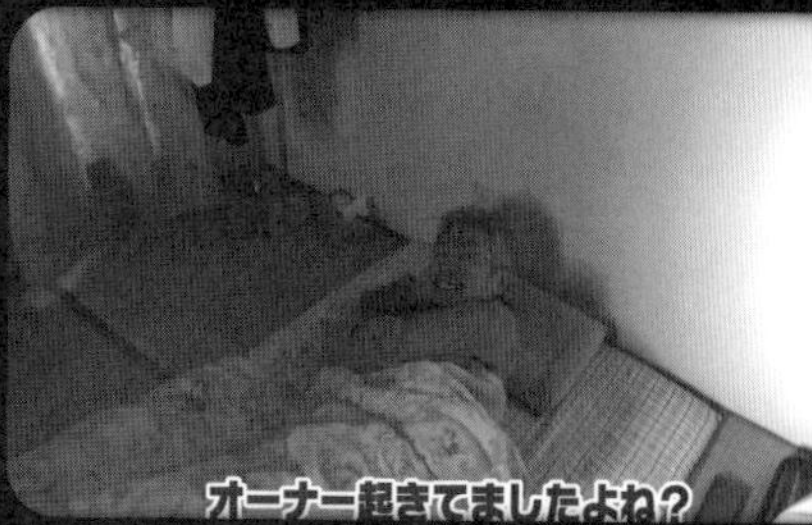

オーナー起きてましたよね？

◆第2章◆
幸手チャレンジャー

再び業界へ舞い戻る

コンビニパチンコの経験

前章で、業者の営業マンがいろんな話を持ってくると書きましたが、時にそれはホールの物件ということもあるんです。皆さんも、いつの間にか店名が変わっているホールを見かけたことがあると思いますが、それは基本的に廃業を考えているオーナーがいろんなところに声をかけて、買収されたもの。それをつないでいるのはメーカーや販社、不動産屋の人間だったりすることが多いんです。どの世界でも同じで、業界の中の人と人との関係性で成り立っている部分がある。パチンコ業界はそれがちょっと濃いという印象で、だから他業種から参入することが少なかったり、したとしても上手くいかなかったり……。パチンコが一大ブームになった90年代には流通大手が参入したりしましたけど、成り立ちからしてちょっと複雑な業界だから苦労したと思いますよ。そこで師匠みたいな業界を知り尽くした人が呼ばれたりしますし、僕もそんな形で働きましたからね。冠婚葬祭業を立ち上げて業界を離れてからも、たまにそういう買収話を持ってくる営業マンがいました。当時は何かと苦労していましたから、勝手知ったる業界の人と話をするのは息抜きになっていましたし、僕としてもどこか未練があったんでしょう。そして、その話の中にあったのが埼玉県幸手市のチャレンジャー、つまり幸チャレを買わないかというものです。

前の会社では新しい店の立ち上げだけでなく、傾きかけていた店を再生させる仕事も担当していました。その際にコンセプトとしていたのが、手軽に始められる「コンビニパチンコ」という新しいスタイルです。21世紀になってから、体力のある大手によってどんどんパチンコ屋が大型化し、綺麗で最新設備を整えたホールが増えていきましたよね。それに対抗するには同じ土俵でやりあうのではなく、コストをかけずに少ないながらもちゃんと収益を出す方法があるんじゃないかという考えで、小さくても安くできる店をやろうと。実際にチェーン店を増やしていく過程で、居抜きの物件があったら内装も外装も、さらに言えば店名もそのままでという形で何軒かやったんです。

売りに出されている以上、それほど良い店ではないんですが（だからこそ大手がやる時はイメージを一新する意味で大々的に改装するんですけど）、それまでの無駄なコストを削減しつつ可能な限り玉を出せば、かなりのレベルまで再生できました。そんな経験があっただけに、幸チャレを視察に行った時も、これならいけると思いましたね。

誤解のないように断っておきますが、店を買うと言っても土地や建物といったものは含まれません。あくまでも経営権であって、今でも土地や建物のオーナーに対しては借地代や家賃などを払っています。そのような条件面も何とかなる金額だったので、それならやってやろうと。当時は冠婚葬祭業が本業であって、幸チャレは副業にしようと甘く考えている部分もありましたけど、今ではすっかり幸チャレ、そしてタンポポにどっぷりです。

条件面が折り合ったとは言え、さすがに全額を一気に払えるほどの貯えはありません。それでもツテをたどって金策をして、いよいよ支払いの日。用意できたお金は、支払い額の2／3にも届いていませんでした。楽観的な僕ですけど、さすがにこれはまずいと。でも、今さら破談にもできないと覚悟を決めて、先方には「お金は足りないけど、是非ともやらせてほしい」と頼み込みました。ちなみに、冠婚葬祭業を始めてから髭を伸ばしていましたが（パチンコ屋勤めでは髭はタブーとされていました）、契約の時には剃ってから挑みました。それだけ必死に頼んでいるというアピールをして、何とか残りは分割という話でまとまって。こうして、2012年7月に晴れてパチンコ屋のオーナーになったんです。

娯楽の殿堂
ご無沙汰しています!!
覚えていますか!?
と申します。その昔、
名店（迷店?）セゾン高野台店
で店長をやっていました。
覚えている方いらっしゃいますか?
この度、またこの地で
パチンコ店を始めました。
ぜひ一度、ご来店下さい。
懐かしい話と懐かしい遊技台で
盛り上がりませんか?
当時、色々とご指導頂いた
皆さまのお顔を拝見するのを
楽しみにしております!
8/10㊎ AM10:00OPEN!
お楽しみに! 新装開店
ロングヒット台
面白いからいまだ現役なんです!!
CRスーパー海物語SAE
CRオークスチャンスPW
CR宮廷女官チャングムの誓いMVA
CRAネオエキサイトジャックN-VX
CRA大詐欺倶楽部＠スザンヌV2
娯楽の殿堂 チャレンジャー
楽しく遊べる3タイプ!!
メール会員大募集中

オープン時の広告

恩人の死去

オーナーになったとは言え、パチンコ192台、パチスロ44台の小さな店です。周囲には畑が広がる埼玉の片田舎で、沿道の交通量はそこそこあるものの、いわゆる街道沿いとは呼べないレベル。存在をアピールするネオン看板も、いくつかの文字が切れていて光りません。昔はこのようなパチンコ屋がたくさんありましたけど、大手が続々と新店を出すようになってからは少なくなって。たまに見かけて入ってみようかなと思ったら、すでに廃業しているなんてこともしばしば。それでも、僕にはこれまでいくつか新しい店を立ち上げたり、ダメだった店を再生した経験がありますから、一国一城の主として頑張ろうと思いました。

ネオンが切れた幸チャレの看板

結局、離れられなかったパチンコ業界に戻り、幸チャレを始めてから約2ヶ月後。恩人である前の会社の社長が亡くなったという知らせが届きます。長くお世話になった会社を辞めてからも、たびたびプライベートでご一緒させていただきましたし、幸チャレを始める際にも相談に乗っていただきました。亡くなる前日には、アドバイスを書いたFAXが病院から届きました。本当に最後まで心配をかけたからこそ、絶対に成功しなければなりませんし、潰すことなんてできません。

恩師からのFAXの一部

徹底的なコストカット

僕が幸チャレを経営するにあたって、まずは徹底的なコストカットに踏み切りました。潰れかけだった店の雰囲気を残すチャレンジャーという店名はそのまま。店名を変更すればイメージを一新できるかもしれませんが、看板から店内の備品まで、とてつもないコストがかかりますから。また、スタッフの整理も必要です。以前の幸チャレは社員とアルバイトを合わせて10人ほどのスタッフがいましたが、この規模ではそんなに必要ありません。ましてや、お客さんより店員が多いこともしばしばという状況でしたから、適正な人数に調整しました。それに加えて、できる限り節電をしたり、細かなところでも徹底的

にコストを削減。たとえば、清掃についても業者を入れていたところを、自店のスタッフだけで行うようにしました。

また、稼働も売上げもないのに、前の運営の時には定期的に新しい機械も買っていたんです。必要なことではありますし、動かなくなった機械を置いていても仕方ないのは当然です。でも、新台入替をしてお客さんが増えたかと言えば、そうではない。入れ替えしようがしまいが変わらないなら、しないほうがコストを削れますよね。その結果、月に数百万円のお金が出ていかなくなります。お客さんの数は増えていないのに、赤字だった店が一気に黒字に転換したんです。

正直、ここまではあらかじめ想定していました。僕がやれば黒字の店になるという自信がありましたし、借金は1年もかからずに返済できると考えていて、実際にその通りになったんです。パチンコ屋時代の経験だけではなく、独立して外の世界を見たことも役に立ちましたね。ちょっと店からは離れていますけど、地元駅前の商店街など地域の人にも声をかけて、駐車場などで町おこしの催しを開いたりなんてこともやりました。恩人が亡くなる前日、僕にFAXで届けてくれた「お店でやったら良いこと…野菜の販売…」という言葉を参考にさせていただきましたね。

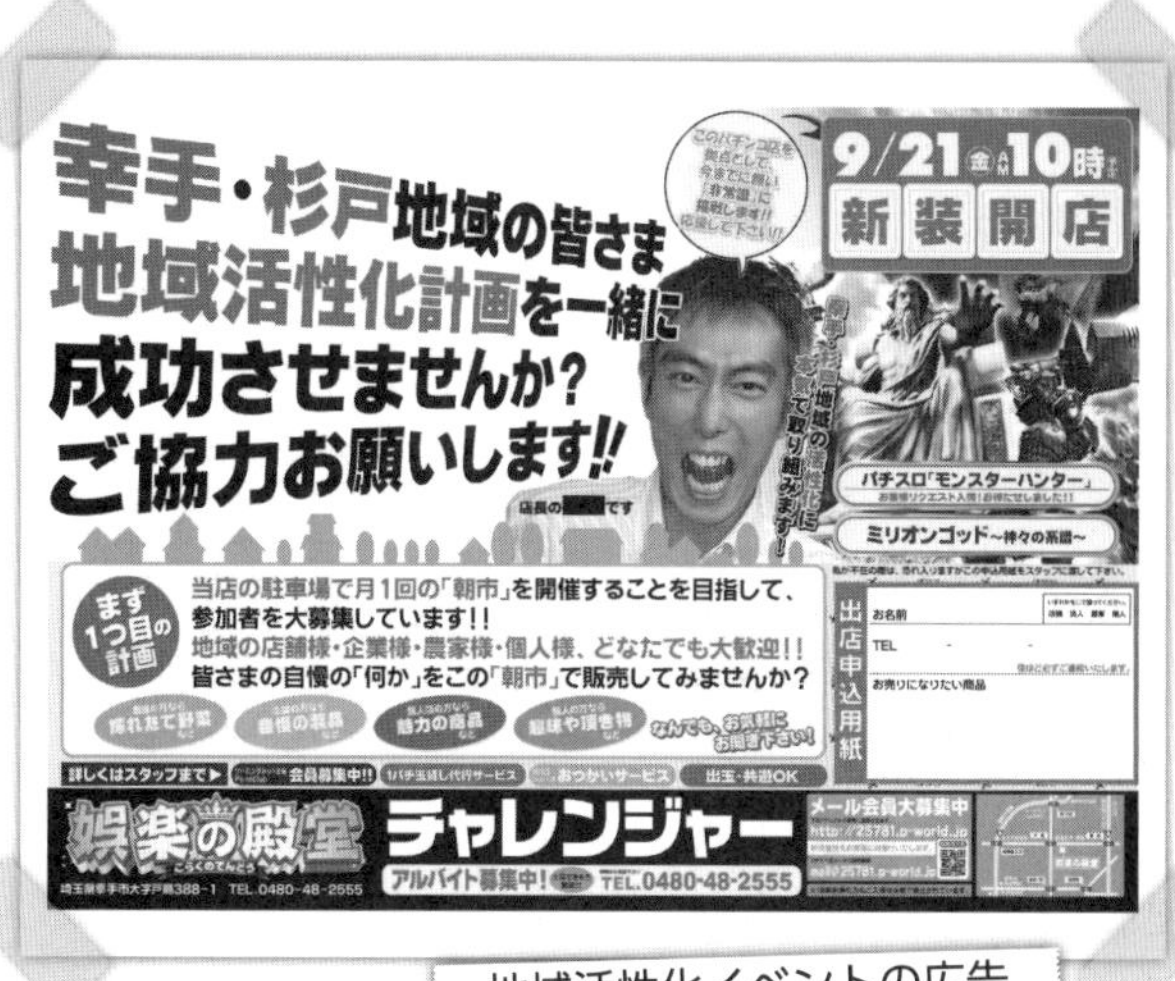

地域活性化イベントの広告

近隣に競合店がオープン

経営を始めて1年くらいは、本当に順調でした。地域を盛り上げる活動の成果か、徐々に常連さんも増えていいましたから。心機一転のため、2階にある寮だった部屋に住んで開店から閉店まで働き、それがまるで苦じゃないほど充実していました。

でも、上り調子になると必ずピンチがやってくる運命なんでしょうね、僕は。以前のピンチは自分の慢心や不慮の事故でしたが、この時は商売上避けられない事態だと言えるのかな。大手の競合店が近くにできたんです。それも2軒。常連さんは年配層が多くて、そういう方々って変化を嫌うから残ってくれるんじゃないかと前向きに考えていたんです。でも、設備が整っていない、トイレだって清掃は行き届いているものの狭くて暗い、そういう環境

を好まないんですね。競合店は便利で綺麗だし、最新機種も揃っている。最初は慣れないかもしれませんが、慣れてしまったら古くて不便なところには戻りません。それに僕だってお客さんの立場だったら、競合店を選びますからね。

　こうして日に日にお客さんが減っていき、一番ひどい時には10時に店を開けてから14時くらいまで誰も店に来ないという状況になります。そして、スタッフへの給与支払いが遅れだし、電気代も滞納を繰り返すように。さらに、よっぽどでない限りは止まらない水道だって、元栓を閉めに来た検針の人を呼び止めて待ってもらったりと、どうしようもない末期状態になってしまいました。もう自暴自棄、やけくそですよね。元々スタッフが少ないから、オーナーの僕自身も店に出てドル箱を運んだり掃除もしていましたけど、そういう仕事も放棄して店内のベンチでタバコを吸っているような感じでした。上手くいっていた時は自信満々、ワンマン社長の風を吹かしていたので、スタッフだって何も言ってきません。黙って僕の代わりに掃除をしてくれて、本当に悪いことをしたなと思います。そしてスタッフの間でも、きっと改善策を模索していたんでしょう。ある社員が、僕にひとつの提案をしたんです。

Pからの提案

「社長、動画をやりませんか?」と言ってくれたのが、Youtube・ニコニコ動画チャンネル『パチンコ店買い取ってみた』にプロデューサーとして登場する通称・Pです。Pは僕が前の店で働いていた当時の部下の知り合い。大手パチンコ法人や中小のパチンコ店で店長職を経験した後、いろいろあって業界を離れようと考えていたそうです。でも、個人で幸チャレを開業した僕が手伝ってくれる人を探しているらしいと知り合いに聞き、興味を持って入社してくれました。

Pは最悪の状況になっても文句ひとつ言わずに頑張ってくれるような人物です。ワンマンでやさぐれてしまった自分

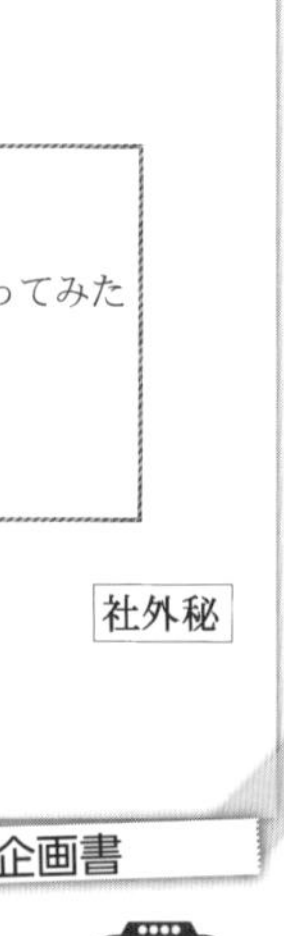

動画配信の企画書

Youtube チャンネル

に対して動画を提案するのは勇気も要ったかと思いますけど、それがなければ今はどうなっていたのか考えたくもありませんし、今となっては最高のパートナーであるのは間違いないです。

動画を始めることについては、コストもそこまでかからないだろうし、せっかく立て直そうという熱意がある社員からの提案なんだから乗ってみようという感じでしたね。深く考えていなかったというか、そもそも当時は自暴自棄だったので、失うものがないならチャレンジしてみるかと。それにPは動画を始める1年前から店のブログなどを頑張っていましたし、ネット関連のノウハウについては期待できそうでしたから。ちなみに、Pはこの提案が通らなければ、幸チャレを辞めていたと後に話してくれました。

当時のチラシ

こうして動画の企画をスタートすることになったんですが、問題は一体誰が出るのかです。タレントさんを呼ぶお金などない以上、自分が出るしかありません。以前からのチラシには僕の写真を使っていて、このような形ならコストが一切かからないだろうと。決して出たがりではないんですよ、僕は。今ではすっかりそういうイメージで見られていますけど（笑）。

でも、ただのパチンコ屋の社長が出てきても、面白くも何ともないですよね。Pからも何かしらの特徴があったほうが良いと言われて、それじゃあ冠婚葬祭業時代に生やしていて、ホールで働く人には少ない髭でもどうかと。それなら「ひげ紳士」ですね、とPが命名してくれました。そこから再び髭を伸ばしたんですけど、最初の収録の日の朝、うっかり髭を剃ってしまって……。だから2015年9月に配信した記念すべき動画の一発目「第0・5回予告編」では、髭がないのにひげ紳士と自己紹介しています（笑）。ちなみに、幸チャレのアイドルであり今は退職した店員のえっちゃんも、Pの「オジサンだけではどうなんだろう?」という話から、頼まれて出演してくれました。

第0.5回予告編

第5回えっちゃん実戦動画

2015年9月に配信した1回目の動画と、10月に配信した5回目の動画。しばらくはひげ紳士、えっちゃん、そして声のみ出演するPの3人で進行していた。当初から「ひげ紳士」と呼ばれていたものの、動画では髭は生えていない。

動画の反響

レア台の聖地になる

Ｙｏｕｔｕｂｅとニコニコ動画をスタートして１週間くらいでしたか、「ニコニコ動画を観て来ました」というお客さんが初めていらしてくれました。僕としてはまだ自暴自棄のやさぐれが続いていて、動画だってどうせ何にもならない、最後の悪あがきぐらいに考えていたんですが、動画をきっかけに来てくれたことでテンションは最高潮ですよ。そして、その日は休みだったＰに電話して、すぐ店に来てくれと。それで僕とＰでそのお客さんに握手です。そこから半ば嫌々だった動画の収録も、Ｐに全面協力するようになりました。１ヶ月すると視聴者も増えて、連動するかのようにいらっしゃってくれるお客さんも増えていきます。当時のニコニコ動画って、配信している人に会いたいという文化があったみたいですね。もちろん「買い取ってみた」というタイトルもニコニコ動画のユーザーにアピールできた一因で、これもPのアイデアでした。

さらに、半年後にはヤフーのニュース記事に取り上げられたことでブレイク、最近の言葉でいう「バズった」状態になり、良かった頃の幸チャレの何倍ものお客さんに来ていただけるようになりました。雑誌などのさまざまなメディアにも取り上げられましたし、もうPには頭が上がりません。

幸チャレ自体、随時改修はしているものの、設備は相変わらず古いままですし、入れ替えだって台が故障した場合を除いて基本的にしません。徹底したローコスト経営というコンセプトは従来から変わらないのですが、徐々に店内が華やかになっていきます。幸チャレに来ていただいた方なら分

かると思いますけど、休憩コーナーはパチンコ・パチスロのグッズで埋め尽くされていますし、店内のそこかしこにも美少女キャラクターのフィギュアが置いてあります。これは全部お客さんからの差し入れで、もともとPにオタク的な気質があったから、そういう機種を動画でもアピールしていたんです。入れ替えをしていなかったのが（正確には「できなかった」かもしれませんが）逆に良かったんでしょう。『戦国乙女』シリーズが揃っていたりなど、他の店では打てないようなレア台が幸チャレにはたくさん残っていて、それを動画で紹介したら「打ちたかったんだよ」というお客さんが遠方から遊びにいらっしゃるようにもなりました。そして、いつしか萌え台、レア台の聖地的なポジションにもなったんです。

お客さんのなかには、メーカーのケータイサイトの懸賞で当たったグッズなどを「家より幸チャレに置いてもらったほうが良い」という人もいて、いつの間にかお宝グッズ

戦国乙女の特大POP

の展示場状態に。幸チャレと言えば、瓶のコーラでもお馴染みかと思いますが、これも動画で取り上げたことで「いつものちょうだい」とお客さんがリクエストするという形で慣習化しています。視聴してくれたお客様が幸チャレを盛り上げてくれるというのは本当にありがたいですね。こんな店は他にはないのではないでしょうか。

グッズの数々

大人気の瓶コーラ

そうそう、故障以外で唯一の新台入替をしたこともあります。愛喜というメーカーの『コスモパニック』という機種で、これは「パチ7」という業界特化型の広告代理店が運営している情報サイトの企画でした。パチ7のユーザーさんがサイト内の日記で幸チャレのことに触れ、それがきっかけで付き合いが始まったんですけど、まさかオリジナルのイラストがパチンコになるだなんて、と本当に驚きましたね。ただ、機械代はこちら持ちでしたから、もしかしたら当時は一番高い買い物だったかもしれません。

僕の顔のイラストが盤面にある以上、『コスモパニック』はとにかく甘く使いましたね。決まった出玉になると終わりという形で使っていたんですけど、500円あれば簡単に打ち止めできるくらい。実際に口には出さなかったものの、「これで玉を出して他の台で遊んでください」という僕なりのメッセージを込めていました。大半のお客さんは分かってくれていましたが、これだけで稼ぐようなプロみたいな人も中にはいて。さすがにその人には、「毎日『コスモパニック』で抜くだけ抜いて帰るのは勘弁してくれないか」とお願いしました。

一番高い買い物だった!?

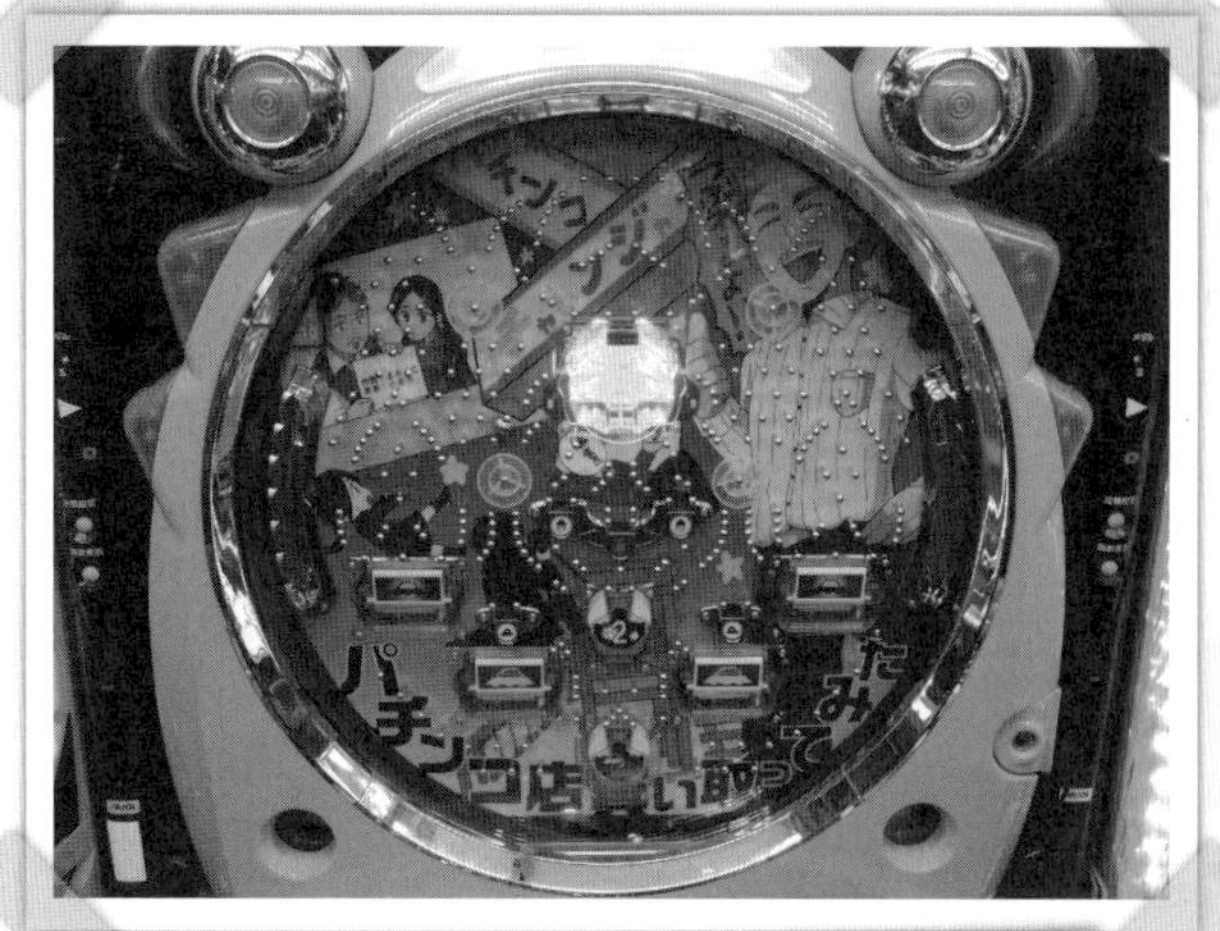

CRA コスモパニック 10

パチンコメーカー「愛喜」がパチンコ第 1 弾として 2015 年に発表したオール 10 の普通機。主に盤面上部のクルーンを経由し、中央の入賞口に入れば下部に 4 つ存在するアタッカーとチューリップが開放。最大 10 回の連動に期待できる。のんびり楽しめる、昔ながらのパチンコだった。

お客さんの思い出

パチンコ屋である以上、極めて少ないものの、困ったお客さんがいるのは事実です。でも、幸チャレのお客さんは、ありえないくらいに良い人ばかりですし、僕としても常に楽しんで帰ってもらいたいという気持ちで接しています。動画を観られているお客さんには、やっぱり若い方が多くて、そのような人にとって僕は父親くらいの年齢なんですよね。だからなのか「結婚しました」とか、「社会人になりました」なんて報告していただけることも結構あります。これは本当に嬉しくて、もし息子が生きていたらこれくらいの年齢になっているんだなと、しんみりしてしまったりもします。そこで、ささやかなお祝いとして、（そこまで高いものではないものの）就職が決まった人にはネクタイピンをプレゼントしています。

また、新婚旅行に行った帰りに来たというお客さんからは、マカダミアナッツをお土産に貰ったりしました。その方も含め、地方の方はなかなか来られないから、何かこちらの方面に用事があった時に立ち寄ってくれるんです。お土産と言えば、動画でご当地サイダーを飲んだりしたら、そこからは各地のご当地サイダーのお土産が急に増えたりして。僕が酒飲みだと言ったら日本酒が集まってきますし、黒ビールを飲んだシーンを観た人からは黒ビールが差し入れられたりしました。

地方のお客さんからのお土産

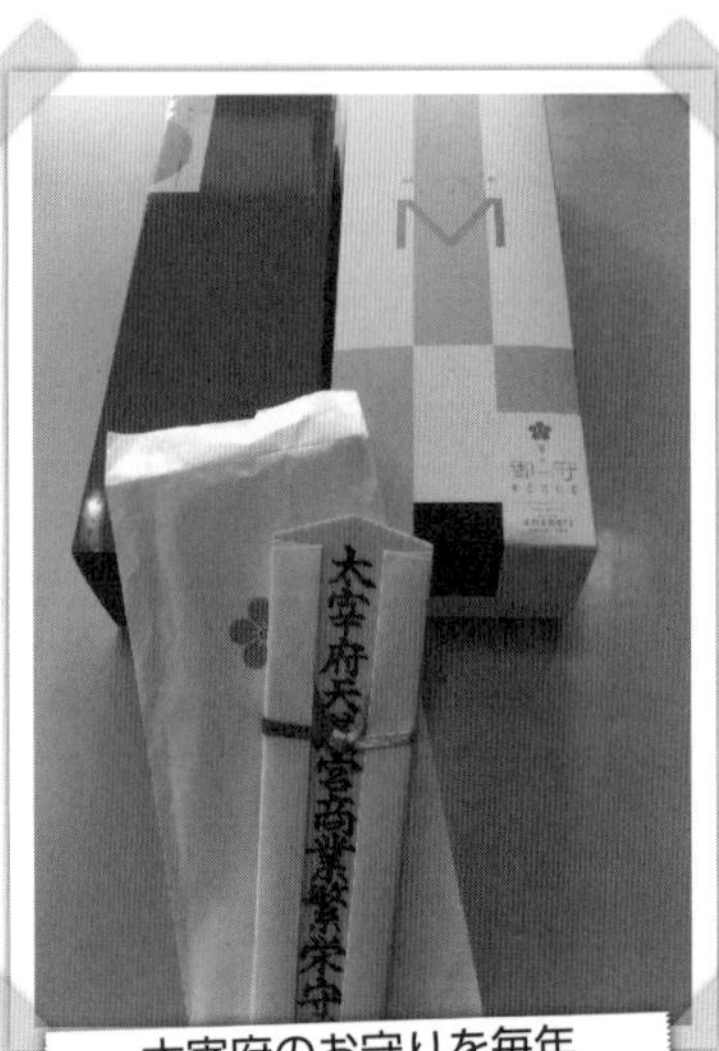

太宰府のお守りを毎年
届けてくれるお客さんも

動画は世界中に発信されていますから、海外から来ていただけるお客さんもいます。インド、カリフォルニア、韓国など、パチンコというより「ひげ紳士」が目当てかもしれませんが、それもまた有難いことです。カリフォルニアからいらっしゃったお客さんは、後日ツイッターで「カリフォルニアの子は元気かな？」と僕がネタ的に書いたら、すぐにリプがありました。他にも、これから日本を離れて南極に行くから、その前に幸チャレに来たかったというお客さんもいらっしゃいましたね。

さらに学生時代から通っていて、就職が決まったと報告してくれたお客さんが、久しぶりに来られたと思ったら「会社を辞めました」と。そんな時には腹を割って相談を受けたりもするんですが、こういう関係性っていうのは幸チャレならではなのかなと思います。小さなパチンコ屋って、毎日同じお客さんがいて和気あいあいとしたイメージがありますけど、それはあくまでも日常会話レベルの関係だと思うんですよね。でも、幸チャレはそうではないですし、半年に1回、1年に1回というお客さんだって他の店の常連以上の関係性があるんです。だから、初めて来られたお客さんとの会話も楽しいですし、日々新鮮な気持ちでいます。そして、お客さんから有難い応援の声をいただくと、やっぱり幸チャレを閉められない気持ちになりますよね。決して儲かっているわけではないですから、それが大きなモチベーションでもあります。もし、動画をやっていなかったら、本当にすぐ辞めるという決断をしたかもしれません。でも、動画をきっかけとして、幸チャレに行ってみようと思っていただけるお客さんがいる限りは、何とか続けていきたいです。

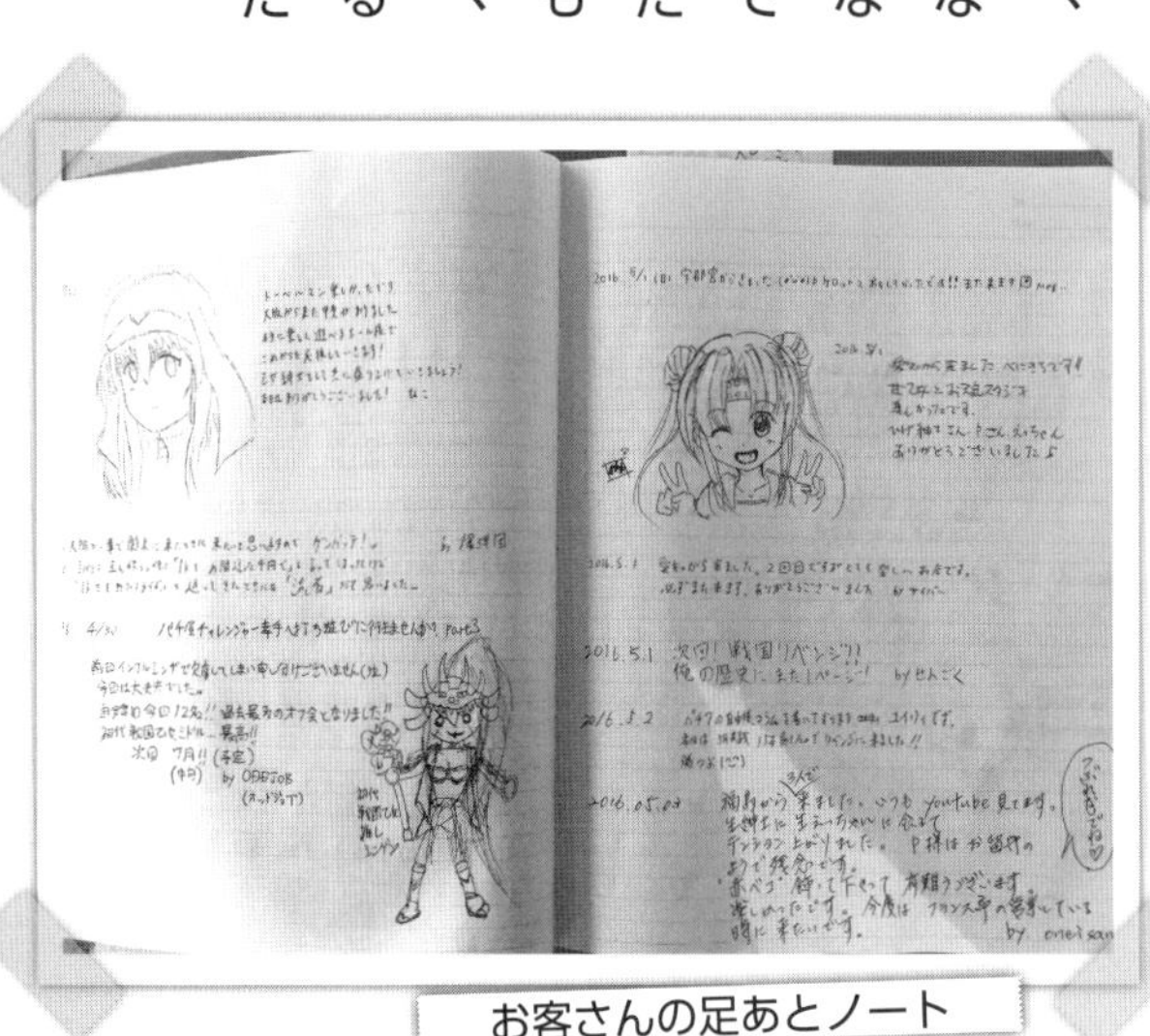
お客さんの足あとノート

幸チャレ買い取り当時のラインナップ

	212	213	257	258	302	303			382
こ ャル	CRぱちんこ銀河鉄道999M6	CR南国育ちin沖縄M7AX	CRFEVER Lucent 魂	CRA桃キュン剣GL	CRオークスチャンスPW	CR相川七瀬FPE			CRスーパー海物語SAE
	211	215	256	260	301	305	336	350	381
カ	ぱちんこ必殺仕事人ⅢSV	CR南国育ちin沖縄M7AX	CRFEVER Lucent 魂	CRA科学忍者隊ガッチャマンCSTV	CRFEVER MATSURI the KING ST15魂	CRシャカRUSH G	CRAサムライチャンプルーASW	CR花の慶次～新N2-VG	CRスーパー海物語SAE
	210	216	255	261	300	306	335	351	380
ミス 小 戦	CR新くのいち忍法帳SXF	CRぱちんこポロポーズ大作戦LM2	CRパトラッシュ3GREEN R	CRA南国育ち	[illegible]	CRAぱちんこ冬のソナタ2L2	CRAフィーバー蒼聖のアクエリオンYF-T	CRAベルサイユの薔薇は美しく散るDH5	CRスーパー海物語SAE
	208	217	253	262	288	307	333	352	378
M	CRぱちんこアパンギャルドM4	CRぱちんこポロポーズ大作戦LM2	CRアチコーコー	CRAゴーストニューヨークの幻FPW	CRぱちんこ巨人の星L1	CRAネオエキサイトジャックN-VX	CRA吉宗C2J5	CRA釣りバカ日誌SAF	CRスーパー海物語SAE
	207	218	252	[illegible]	287	308	332	353	377
[illegible]	CR野生の王国SUN HR2-T	CR西部警察3L-KG	CRフィーバーパワフルパレスST9A	[illegible]	CR宇宙戦艦ヤマトFFPW	CRオークスチャンスPW	CRAデジハネ北斗の拳ST-V	CRA新お天気スタジオL3AU	CRスーパー海物語SAE
	206	220	251	265	286	310	331	355	376
[illegible]	CR野生の王国SUN HR2-T	CR西部警察3L-KG	CR牙狼～陰我消滅の日～ZZ	CR新世紀エヴァンゲリオン使徒、再びYF	CR北斗の拳金色CVT	CRA華恋姫伝PW	CRA氷川きよしNS	CRAドーベルマン刑事TR	CRスーパー海物語SAE
	205	221	250	266	285	311	330	356	375
乙女	CR宮廷女官チャングムの誓いMVA	CR戦国乙女2M9AX	CR新暴れん坊将軍 不死身の闇鳥FPM	CRA月下の棋士QWR	CRKODA KUMI FEVER RIVE IN HALL ⅡYF-T	CRぱちんこポロポーズ大作戦LM2	CRぱちんこ水戸黄門2L2	CR新EX麻雀N-VC	CRAハイパー海物語INカリブSAE
	203	222	238	267	283	312	328	357	373
や Y	CRフィーバー創聖のアクエリオン転翅編α	CR戦国乙女2M9AX	CR新暴れん坊将軍 不死身の闇鳥FPM	CR戦国武将列伝伊達政宗N-V	CRA戦国乙女9AX	CRぱちんこあしたのジョーM9	CRギンギラパラダイス2MKF	CRAデジハネ北斗の拳ST-V	CRAハイパー海物語INカリブSAE
	202	223	237	268	282	313	327	358	372
[illegible]	CR雪物語MTA	CR花鳥風月FB	CRフィーバーマクロスフロンティアお前達が俺の翼だ！	CRスーパー海物語SAE	CRAいなかっぺ大将9AU	CRスーパー海物語IN沖縄MSP	CR男はつらいよSSB	CRA駒駒倶楽部@スザンヌV2	CRぱちんこ戦国無双L1
	201	225	236	270	281	315	326	360	371
月 伝説	CR宇宙戦艦ヤマトFFPM	CR花鳥風月FB	CRフィーバーマクロスフロンティアお前達が俺の翼だ！	CRスーパー海物語SAE	CRAぱちんこ華王美空ひばり極LA1	CRスーパー海物語IN沖縄MSP	CR中森明菜・歌姫伝説KS-S	CRA戦国乙女9AX	CRフィーバーキングブレイドST10
	200	226	235	271	280	316	325	361	370
月	CRぱちんこ華王美空ひばり極M9	CRぱちんこスケバン刑事M3	CRエヴァンゲリヲン7MRWA	CRスーパー海物語SAE	CRAぱちんこ必殺仕事人Ⅲスーパー祭15ランド搭載バージョンL5	CRスーパー海物語IN沖縄MSP	CR北斗の拳金色CVT	CRAぱちんこ必殺仕事人Ⅲスーパー祭15ランド搭載バージョンL5	CRA上にまいりまーす3SR4
	188	227	233	272	278	317	323	362	368
月	CR弥次喜多3ST	CRぱちんこスケバン刑事M3	CRエヴァンゲリヲン7MRWA	CRA新海物語SAG	CRA一騎当千SS暴	CRスーパー海物語IN沖縄MSP	CR西部警察3L-KG	CR戦国武将列伝伊達政宗N-V	CRAルパン三世9AU
	187	228	232	273	277	318	322	363	367
ル MS	CRぱちんこ銭形平次LM8	CR北島三郎H1AZ1	CR北斗の拳百裂LSTS	CRA新海物語SAG	CRAぱちんこあしたのジョーLC1	CRスーパー海物語IN沖縄MSP	CRラブ嬢L4AU	CRA銀と金	CRゴリ神～GORI・GOD～KH
	186	230	231	275	276		321	365	
ル MS	CRぱちんこ銭形平次LM8	CR北島三郎H1AZ1	CR北斗の拳百裂LSTS	CRA新海物語SAG	CRAデジハネ北斗の拳STV		CR雪物語MTA	CR新世紀エヴァンゲリオン使徒、再びYF	

2012年に「幸チャレ」を買い取った時点での機種構成。以前は新台入替を行っていたようだが、ひげ紳士は経費削減もあってほぼそのまま営業を続行し、結果的にレア台の聖地となった。

台番配置機種

1	32	33		78	122	123	167	168	
リオの大温泉3	一騎当千3	ニューパルサーV−G		CRプレミアム海物語LTL	CR新海物語MTM	CRカンフーパンダVS−RZ	CRスーパー海物語IN沖縄2MSNS	CRぱちんこアパンギャルドM4	CF 銀 9N
2	31		75	80	121	125	166	170	
ハーレムエース2B	一騎当千3		カイジ2R	CRプレミアム海物語LTL	CR新海物語MTM	CRカンフーパンダVS−RZ	CRスーパー海物語IN沖縄2MSNS	CR釣りバカ日誌MTC	ぱ 仕
3	30	36		81	120	126	165	171	
ルパン三世ルパン一族の秘宝	一騎当千3	ニューパルサーV−G		CRプレミアム海物語LTL	CR新海物語MTM	CRゲゲゲの鬼太郎FPKZ	CR秘宝伝C2N6	CR華牌「ミスター麻雀」小島武夫の戦略FK	CF ち F
5			72	82	118	127	163	172	
ケロット2A			パチスロスーパー海物語IN沖縄KD	CR大海物語M56	CR新海物語MTM	CRゲゲゲの鬼太郎FPKZ	CR秘宝伝C2N6	CRラブ嬢M9AY	CF ア ドN
6	27	38		83	117	128	162	173	
パチスロひぐらしのなく頃に祭F	ツインエンジェル3X	ニューパルサーV−G		CR大海物語M56	CR新海物語MTM	CRウィッチブレイド399WST	CRフィーバー宇宙戦艦ヤマト復活編立ち上がれヤマト	CRG1DREAM ZX2	CF 国 2-
7	26		70	85	116	130	161	175	
北斗の拳2ZS	エウレカセブンZ		アイムジャグラーEX	CR大海物語M56	CR新海物語MTM	CRウィッチブレイド399WST	CRフィーバー宇宙戦艦ヤマト復活編立ち上がれヤマト	CRG1DREAM ZX2	CF 国 2-
8	25	51		86	115	131	160	176	
新鬼武者Z	ラーゼフォンX	アイムジャグラーEX		CRスーパー海物語IN沖縄2MTMS	CR大海物語スペシャルMTE	CRフィーバータイガーマスク 虎よ闘え！カウント8	CR蒼天の拳2HV	CR戦国乙女M9AX	CF チ 響
10	23	52	67	87	113	132	158	177	
悪魔城ドラキュラⅡC	ヒホウデンフウジラレタメガミ12	アイムジャグラーEX	アイムジャグラーEX	CRスーパー海物語IN沖縄2MTMS	CR大海物語スペシャルMTE	CR弾球黙示録カイジ利根川	CR獣王レジェンドオブキングHVJD	CRうる星やつら4 everLoveY	CF パ ア 転
11	22	53	66	88	112	133	157		
新・トロンジョにおまかせC	スーパーマジカルセブン	アイムジャグラーEX	アイムジャグラーEX	CRスーパー海物語IN沖縄2MTMS	CR大海物語スペシャルMTE	CR弾球黙示録カイジ利根川	CRサイボーグ009ⅢMR−T		CF TA
12	21	55	65	100	111		156	180	
俺の空蒼き正義魂R	パチスロ鉄拳2ZX	アイムジャグラーEX	アイムジャグラーEX	CRスーパー海物語IN沖縄2MTMS	CR大海物語スペシャルMTE		CRサイボーグ009ⅢMR−T	CR中森明菜・歌姫伝説NL	CF ヤ
13	20	56	63	101	110		155	181	
新世紀エヴァンゲリオン・魂の軌跡A	パチスロ鉄拳2ZX	アイムジャグラーEX	アイムジャグラーEX	CRスーパー海物語IN沖縄2MTMS	CR大海物語スペシャルMTE		CR花の慶次〜愛H−V	CR花満開麗FA	CF 華 ぱ
15	18	57	62	102	108	137	153	182	
新世紀エヴァンゲリオン・魂の軌跡A	パチスロ北斗の拳F	アイムジャグラーEX	アイムジャグラーEX	CRスーパー海物語IN沖縄2MTMS	CR大海物語スペシャルMTE	CR猪木H9AX	CR天・天和通りの快男児ZS	CR花満開麗FA	CF 3S
16	17	58		103	107	138	152	183	
新世紀エヴァンゲリオン・魂の軌跡A	パチスロ北斗の拳F	アイムジャグラーEX		CRスーパー海物語IN沖縄2MTMS	CR大海物語スペシャルMTE	CRホクトの拳剛掌HVA	CR花の慶次〜焔L2−VX	CRプロゴルファー猿MST2	CF 銭 8
				105	106	150	151	185	
				CRスーパー海物語IN沖縄2MTMS	CR大海物語スペシャルMTE	CRホクトの拳剛掌HVA	CR花の慶次〜焔L2−VX	CRプロゴルファー猿MST2	CF 銭 8

苦渋の選択、休業を決定

引き継ぎ時の機種が幸いする

先ほども言いましたが、僕がやるようになってから、幸チャレでは基本的に新台を導入しないままでした。新台を入れる場合、仮に中古機だとしてもそれなりのコストが必要になりますし、人件費とは違って必ず必要なものではなく、お金をかけないで済む部分だからです。ただ、僕が幸チャレを譲り受けた時のラインナップと言えば、正直そこまで良いものではなかった。言葉は悪いですが一般的に不遇台と呼ばれるようなものもありましたし、ただ単にシマを埋めるために選ばれたような機種も少なくない状態です。おそらく、前の経営会社の時もいろいろと厳しかったのでしょう。震災以降は告知ができるという理由で新台入替が活発になり、それでお客さんを呼ぶというスタイルが大手では定番になる中、そんな流れに乗れなかった店はどんどんと衰退していきましたよね。幸チャレなんかはその典型で、大手にお客さんを取られたことでどんどん衰退し、最終的には経営権が売りに出されている状況でした。だから僕が格安でやれることにもなったんですけど、つまりは最初から集客力という面でかなりのハンデを負っている店であり、それを徹底したコストダウンで延命させていたという形です。

　でも、動画をやるようになって、あまり魅力的ではないと僕が考えていた機種ラインナップが幸チャレにとってのアドバンテージになります。なかでもパチンコの初代『戦国乙女』は、動画を観て「探していたんですよ」というお客さんが続々と打ちに来てくれるようになりました。甘デジは残っていても、ミドルはほとんど撤去されている

初代戦国乙女

なかで、幸チャレには残っているから打ちに行こうという人が多かったんですね。わざわざネットで検索して見つけてくれる人もいて、それならばと動画でも積極的に戦国乙女を取り上げるようにしたら、いつの間にか戦国乙女ファンから聖地的な扱いを受けるようになりました。

他にも『新お天気スタジオ』や『アバンギャルド』など、こちらが狙ったわけではない（そもそも僕は全くタッチしていない時だったので）機種についても、たまたま残っていたことで集客面の大きな武器になり、幸チャレならレア台が打てるとお客さんの間で盛り上がるようになります。さらに、こちらが不遇台だと考えていた機種にも、実は熱心なファンがいらっしゃることも分かりました。機種名は（不遇台扱いしてしまったので）伏せますけど、「この台を探していたんです」というお客さんが遠くから打ちに来てくださる。そういう方と話をしてい

新お天気スタジオ

アバンギャルド
©KYORAKU

ると、どんな機種も面白いところがあって、魅力があることを再認識させられます。実際にそういう話をしてから閉店後に遊んでみると、なるほどなぁと思ったりします。そもそも、全ての機種に作った人がいますし、その人は面白くないものを世に出そうだなんて考えていないはずですよね。予算やスケジュールの関係で思うようにいかないところもあるでしょう。でも、作った人はきっと情熱も愛情もあるに違いありません。そう考えると、人によって合う合わないはあるものの、不遇台と言って切り捨てるのは違うのかなと思いますし、幸チャレにある機種の面白いところを見つけて伝えるのも僕の仕事なんじゃないかと。

動画の企画として、そのようなことも始めるようになると、新しいお客さんが増えたと同時に、何よりも僕自身が幸チャレにある機種に深い思い入れができてきました。だから「どの機種が好きなんですか?」と聞かれることがよくありましたけど、順位は付けられないというのが正直な気持ちです。でも、遊技機っていうのは寿命があるんですよね。故障などの避けられない要因以外にも。それが検定・認定期間という法的なもので、検定で3年、さらに認定で3年、最長で理論上は6年しかパチンコ屋での営業に用いることができません。認定・検定期間が切れても、「みなし機」というグレーな扱いもあるんですが、コンプライアンスが重要な現在ではできませんし、最悪の場合は行政から処分が下されることもあります。当時、幸チャレにはそのような機種も少なからずあり、検定・認定が切れそうな機種もたくさんありました。そして、行政からの指導や業界団体の決定により、2018年1月いっぱいでこれらを撤去しなくてはならないことになります。

休業前の最終日

もちろん、昨日今日決まった話ではないので、その日に向けて幸チャレをどうするのかは僕にとって頭を悩ませる問題でした。いろいろな選択肢（廃業というものもありました）がある中で、一番現実的なのはゲームセンターにすることかなと考えていたんです。そのために動いたこともありましたが、なかなか許可的に難しい面もある。台単体で動かすなら可能でも、パチンコ屋のように補給設備などを設けてやるのは厳しいと、許可取りに詳しい行政書士さんから言われたりしましたから。こうして、今後どうしていくのか悩みながらも、日々の営業は続きます。徐々に検定・認定が残っている機種に入れ替えていく方法もあ

りましたが、今ある台の全てが愛おしいんですよね。だから外したくないですし、そんな台を求めて遠方から幸チャレにいらしてくれるお客さんもたくさんいます。そこでまず決断したのは、今あるものは最後までしっかり活躍してもらおうと。そうなると2月1日からは営業できなくなってしまいますけど、それでも良いんだ、まずは1月31日まで精一杯頑張ろうという結論になったんです。

2月以降のことが決まらないまま、1月31日を迎えます。動画などのコメントから、当日は多くのお客さんが集まってくれると予想されましたが、あえて2部制の営業を行いました。第1部は普通の営業で、夕方からの第2部は無料で打ち放題。これまでお世話になったお客さんのため、最後くらいはお金を気にせず、思う存分に楽しんで欲しかったんです。同時に最後の最後まで、幸チャレの台がフル稼働する姿を見たいという思いもありました。

当日は幸チャレにある台数の3倍近くものお客さんにいらっしゃっていただき、こちらとしては満足な対応ができなかったと反省しています。多くのお客さんから励ましの声をもらいましたし、心配もしていただきました。満員御礼のまま閉店時間になり、お客さんがいなくなった店内で、僕は疲れていたのにしばらく立ったまま。営業時間中は何度となく涙が流れ、誰もいなくなってからは只々立ちすくんでいました。心に穴が開くっていうのはこういうことなんだと後になってからは思いましたけど、その時は何も考えられなかったですね。休業した2日後にPと会うまでは、どうしていたのか記憶がありませんし、きっと何もやっていなかったんでしょう。

2018年1月31日の幸チャレ

貸玉1円
いちパチ
1000s
250s

パチンコ

休業中の出稼ぎ

しばらく店の中は、お客さんが誰もいないことを除けば1月31日のままでした。普通ならすぐに使えなくなった台を撤去するところが、愛着が強すぎたためにそれもできず、未練がましくこのままゲームセンターにできないかという道を引き続き模索していました。でも、やはりゲームセンター化は難しいという結論になり、それなら台を全て新しくして営業を再開するしかないと、まずは機種選定から動き出します。余談ですが、このゲームセンター化や機種選びの相談が「チームタンポポ」の第一歩になり、その後の「ゲームセンタータンポポ」という形になるんですが、これについては後ほど詳しくお話しましょう。

機種選びと言っても予算には限りがありますから、中古機から探すしかありません。重要な条件になるのは、再開後に来ていただいたお客さんに幸チャレらしさを感じてもらえるかどうか。そういう意味では、納得できない部分もたくさんありましたし、今でもそれは変わらないのですが、ひとまず予算、スペック、コンテンツ、演出などを見比べながら悩みに悩んで決めました。ちなみに、予算は約300万円。バリバリの最新機種なら5~6台しか買えない金額です。残念ながら、シマには空いたままのスペースも残ってしまいました。それでもやることはやったと、納得はしていなくても後悔はありませんでしたね。

　ここで休業中の様子でも書いておきましょう。まず僕自身ですが、経営者としてすべきはお金の流れが滞らないようにすることです。店を休んでいてもスタッフに給料を払う責任がありますし、営業再開に向けて買った台の支払いもあります。他にも、家賃や光熱費などの固定費も必要になり、これまでの貯えだけでは正直言って厳しい状況でした。それでも、必ず店を再開すると決めましたから、どうやってでもこのピンチを凌ぎたいという一心です。

そこで考えたのが、動画のおかげで知名度が上がった（と思われる）ひげ紳士という名前で仕事ができないかということです。知り合いの代理店に相談したら、それじゃあ来店の仕事でもやってみますかと提案され、いろいろなホールにお邪魔させていただきました。来店するにあたって、せっかくならこういう機会じゃないと会えない動画の視聴者さんとコミュニケーションを図りたいと思っていたところ、有難いことに多くの皆様に声をかけていただきまして。「幸チャレの再開を待っているよ」と励ましていただけた方も多く、絶対に再開させようと改めて決意しましたね。また、いろいろな場所に行かせていただき忙しくすることで、不安を忘れることができたのも大きかったのかなと。休業している店で考え込んでいたら、余計落ち込んでいたかもしれません。休業中のスタッフについては、普段は手が届かないところの清掃やメンテナンスなど、お客さんがいないときにしかできないことをやってもらいつつ、再開後のアイデア出しを頼んでいました。アイデアの中には景品として「幸チャレ饅頭」を作ったらどうですかというものもありましたね。これはいつか実現させたいです。

そして、再開店

葛藤の中で決断

来店という出稼ぎをしつつ台を入れ替え、本当は休業から2ヶ月後の4月には再開するつもりでした。でも、本当にこれで良いのか、幸チャレらしいラインナップになっているのかなど、さまざまな葛藤があったんです。2年前に僕が幸チャレを買って、経営を始めた際は「そこにあるもので何とかする」という前提があったんですが、再開にあたっては僕自身が選んだ台になりますよね。でも、予算の上限がある以上、全部が導入したかった台ではないですし、それでも全責任は僕にあるわけです。そして、このラインナップで満足できるかと言えば、正直言ってそうではありません。これで再開してお客さんが喜んでくれるのかを考えると、いざ再開できる状況になっても最後の決断ができずにいました。それでも再開できたのは、お客さんからの「再開はいつですか?」「再開したら必ず行きます」という声があったからなのは間違いありません。

当初の予定から1ヶ月遅れの再開になった5月2日は、ありがたいことに（休業前のパチンコ161台・パチスロ76台から、パチンコ89台・パチスロ54台と減ってしまいましたけど）台数以上のお客さんに集まっていただき大盛況になりました。遠方からも来ていただき、皆さんから「おめでとう」という声もかけてもらい、ホッとしたことはきっとこれからも忘れないでしょう。

その後、1ヶ月くらいはそのような感じでバタバタと過ごしていましたが、ご祝儀的な忙しさは6月に入ると一気に落ち込んでしまいます。聖地として、幸チャレでは異例とも言える台数を導入したパチスロ『戦国乙女2』などのメインどころは健闘していましたが、休業前のような幸チャレでしか打てない機種が減ってしまった以上（また僕自身も納得できるものではなかっただけに）、やっぱりこうなってしまうのかと気分も落ち込みましたね。それまで、基本的に動画の内容はPに全面的に任せていましたが、ここで初めて「動画で何とかならないか」と提案します。でも、Pは動画を直接的な集客ツールにしたくないという考え方ですから、結果的に否定されてしまいました。その後もいろいろと悩み、みなし機への未練があるから今の営業がうまくいかないのではないかと、倉庫に保管していたみなし機の廃棄も考えます（これも後のチームタンポポ結成の一因になります）。

パチスロ戦国乙女2

©HEIWA

ただ、いくら稼働が落ちたと言っても、僕が幸チャレをやり始めた頃と比べたら、まだやっていける範囲内です。ここは我慢しながら、幸チャレに直接来ていただける、応援していただけるお客さんのために続けていこうと改めて思いましたね。

そういう思いもあって、2019年には思い切った投資も行いました。お客さんの利便性を高めるためにパーソナルシステムを導入。また、2024年に予定されている新札への切り替えに対応するための設備変更です。幸チャレを始めてから最大の借金もしましたけど、ここで有難かったのはリース会社の存在ですね。たまたま動画をその会社の人が見ていて、いろいろと尽力していただいたんです。これが通っていなかったら、もしかしたら辞めるという決断もあった気がします。そして、当面は5年間のリースですから、それが終わらないと辞めるに辞められません。もしかしたら、半ば強制的に逃げられないよう、この設備投資で僕自身を追い込んだ面があるかもしれませんね。

当時の経験は今も生きる

みなし機撤去による休業や、5年で返さなければならない設備投資費など、ピンチが度々あったからか、2020年からのコロナ禍はもちろんピンチではありますが、冷静に対応できたかなと思います。さまざまな地域でパチンコ店が休業しないことによるトラブルがあったようですが、幸チャレは4月の緊急事態宣言が出た時点で即座に休業を決めました。もし、そこで感染者が出てしまい、拡大してしまったら大変ですから。休業という選択に迷いはなかったですね。何かあるたびに迷ってしまう僕ですが、この時ばかりは開けちゃいけないと思いました。当時、不安はそれほどなくて、国や自治体の支援があれば幸チャレの規模なら何とか凌げるという算段があったのも大きかったです。また、家賃について交渉したら、大家さん（動画を観てくれています）も「応援しているから頑張って」と大幅な減額に応じていただいて。儲かるようになったらまた戻してねと言われてますけど、それはいつになることやら（笑）。

ただ、その他の支払いについては（猶予してもらっているものもありますけど）、しっかりやっていかなければなりません。これからも旧規則機の撤去などがありますし、ラインナップの差別化も難しくなりそうです。それを見越して、幸チャレ的にはあまり人気がない機種を集めようかなと思っていますし、どんな機種にもファンがいて、そういうニーズを汲み取っていくのが幸チャレだろうと考えていますから。動画で面白さをアピールすれば生き返る機種があるかもしれませんし、そういう工夫でやっていくしかないのも幸チャレなんでしょうね。そのためには僕自身も勉強あるのみで、幸チャレにある機種、ない機種でも打ち込まなければならないと思っています。

たまに「何か大変なことが起こったほうが良いのかもな」と冗談で言うことがあります。順調なままだと思い上がってしまう悪い癖が僕にはあります。ピンチがないと成長しないし、先に進めないのかなと思ったりしますから。卒業を間近にしての高校中退、息子を火災で亡くしたこと、上手くいかなかった冠婚葬祭業、そして幸チャレでの度重なるピンチなど、厳しい経験は度々ありましたが、それらを飲み込みながら前向きに生きてきました。もし、ピンチが僕にとっての原動力になるんだとしたら、これからも何かを起こしながら進んでいきたいです。そんな僕にとって今の「何か」が、ゲームセンタータンポポなのかもしれません。

幸チャレ営業売上

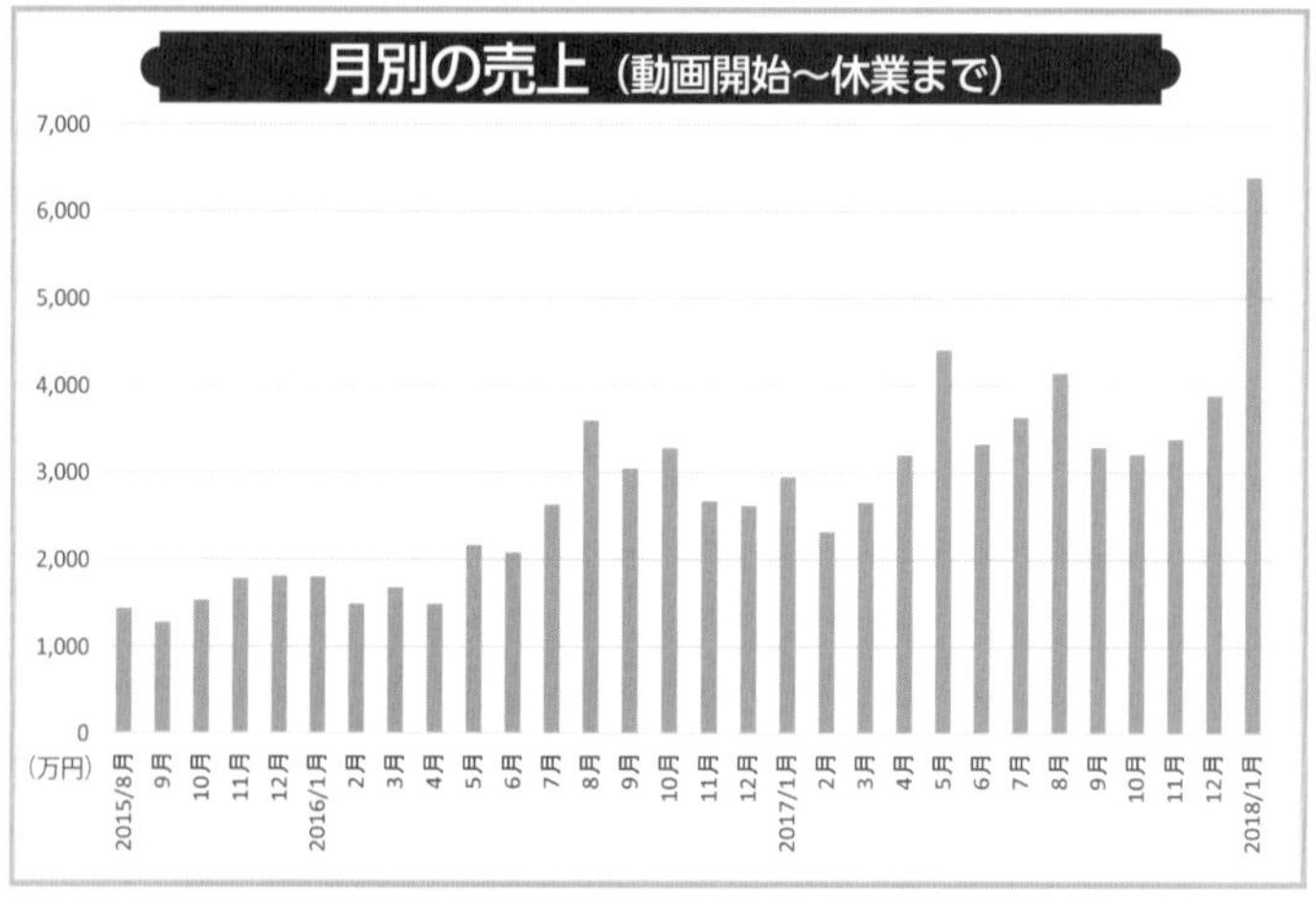

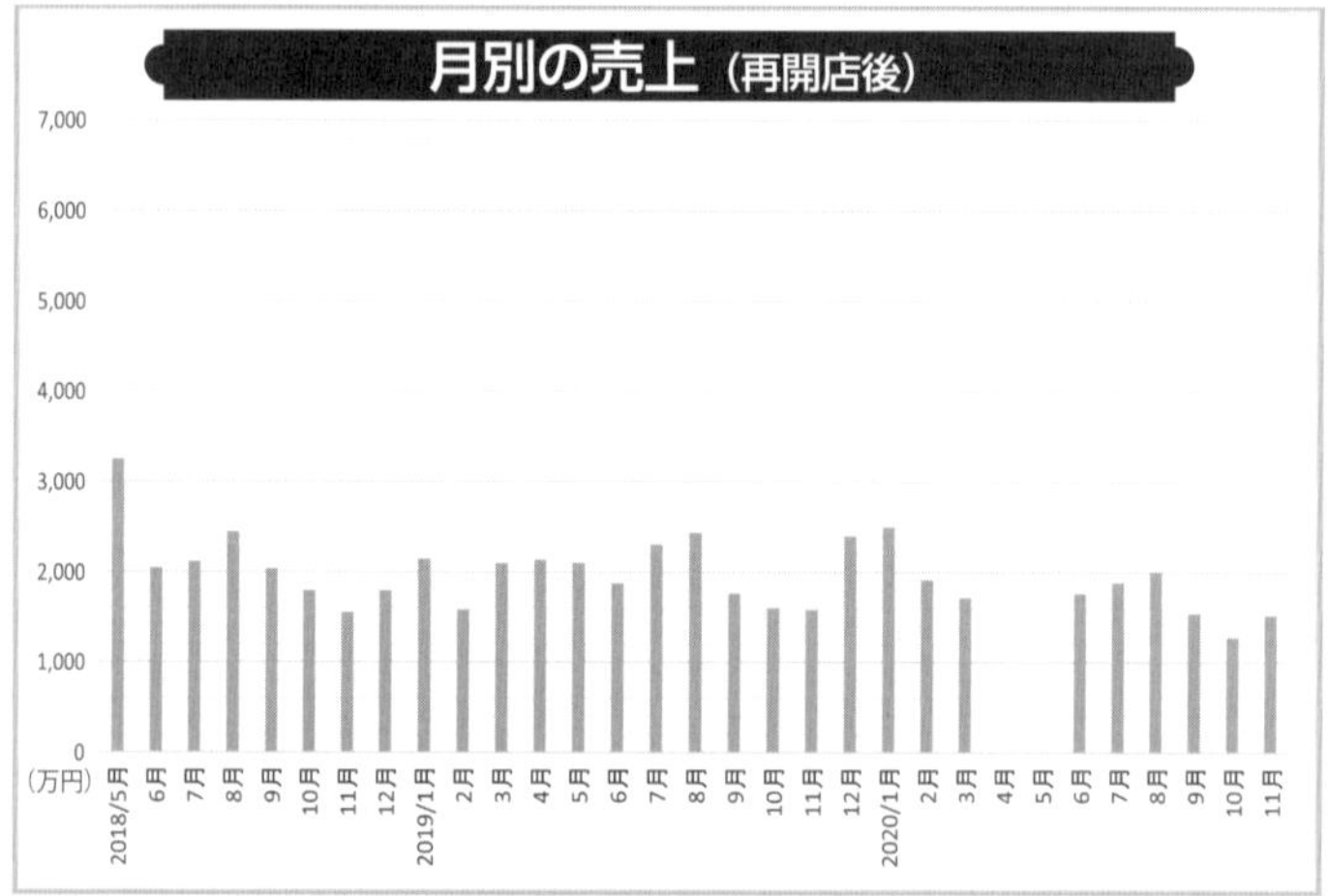

2018 年 1 月の売上が約 6000 万と突出しているが、これは「みなし機撤去」による休業前の最終日が影響している。2020 年 4・5 月の売上がゼロになっているのは、コロナでの休業によるものだ。

幸チャレ来客数

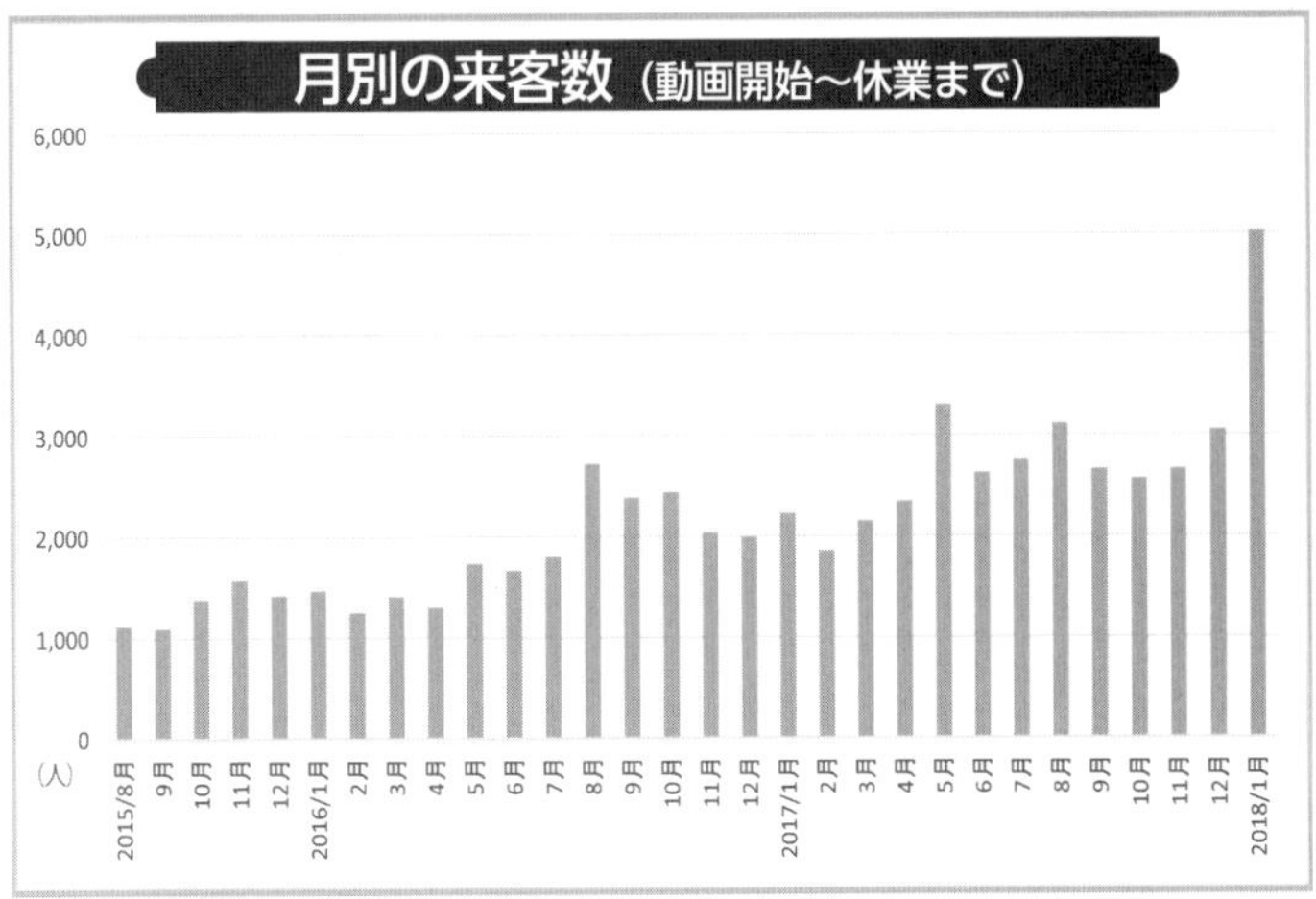

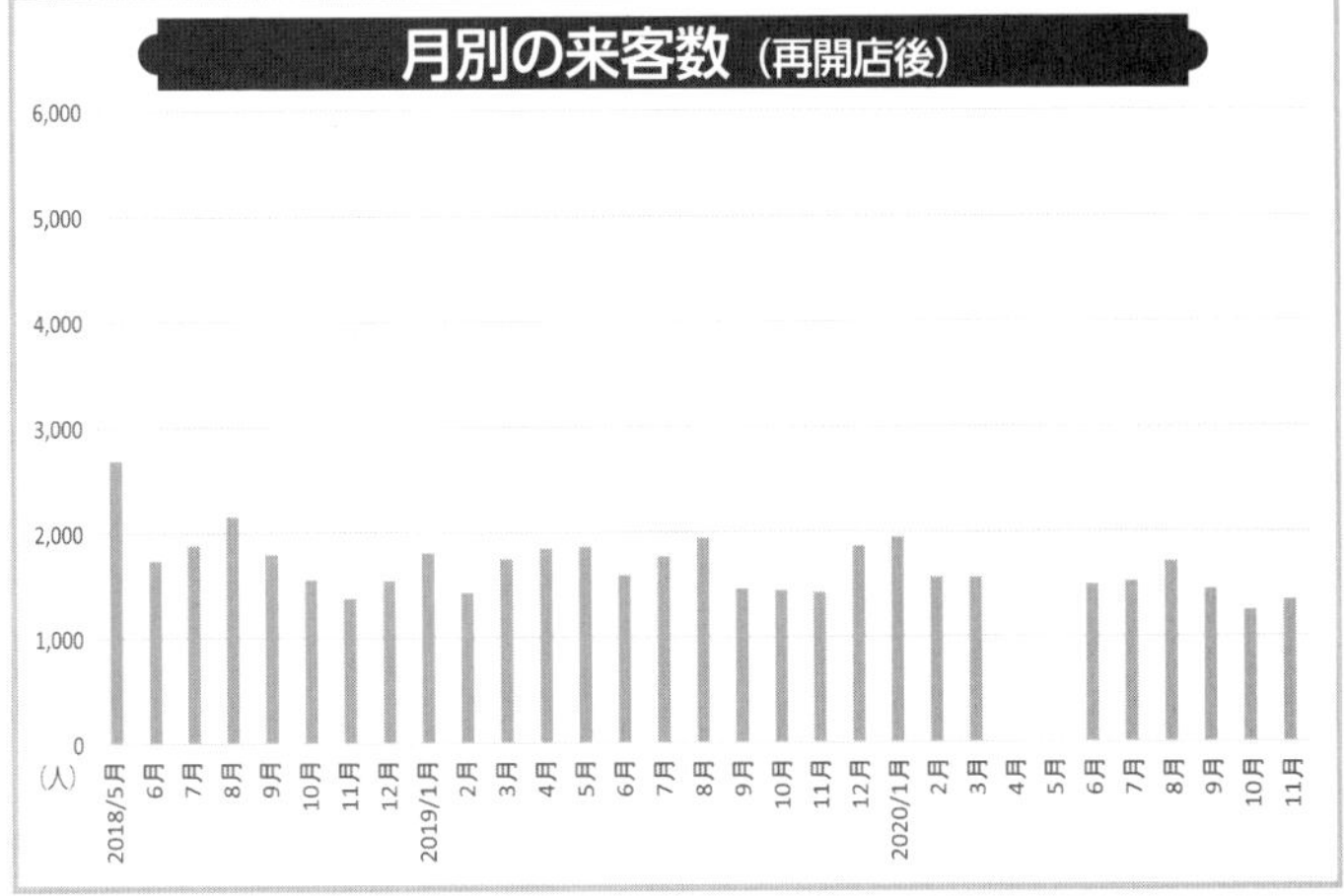

来客数も売上と同じようなグラフで、2018 年 1 月は約 5000 人もの来客があった。再開店直後の2018年5月はそれなりに健闘したが、以降は月 1000 ～ 2000 人の間で推移している。

ひげ紳士関係者インタビュー
〜その1〜

ホールアルバイト兼動画アシスタント

えっちゃん

──幸チャレで働いたきっかけは？

父がたまたまオーナー（ひげ紳士）の知り合いで、働ける人を探しているからどうだと言われたのが最初です。ちょうど仕事をしていなかったので、パチンコはやったことがなかったですけど、知り合いの店なら大丈夫だと思いました。2015年から働きだして、1年半くらいお世話になっていましたね。

──ひげ紳士の話では、働き出した時はかなりヒマな時期だったそうですけど。

なんで求人をするんだろうと思うくらいヒマな店でした。ただ、お客さんはいなくても最低限のスタッフは必要ですし、そのために話が来たんでしょうけど。とは言え、お客さんがいないと何もやることがないので、ひたすら掃除をしていました。トイレなんか、誰かが使うたびに掃除をするくらいの勢いで（笑）。その頃のオーナーは、ひたすら不機嫌な顔をしていましたね。

──動画に出るきっかけは？

Pさんのアイデアで幸チャレの動画が始まったんですけど、オーナーだけでは画面映えしないからと半ば強制的に（笑）。別に出たがりではないんですが、どうせ誰も見ないだろうという軽い気持ちで出ていました。でも、動画がスタートしてからは本当にお客さんが増えて、ビックリしました。「えっちゃんだ」って声をかけてくれるお客さんもいて、いろんな人と会話をするのが新鮮でしたし、楽しかったです。

――印象に残っているお客さんは？

動画を観たといって最初に来てくれたお客さんは、今でも覚えています。他にも来るたびにケーキやお菓子を差し入れに持ってきてくれるお客さんもいて、幸チャレで働いている時には甘いものに困りませんでしたね（笑）。

――周りの反応は？

家族や友人も動画を観てくれてたんですけど、何やってんのって笑ってましたね。

――幸チャレを辞めたときの感想は？

単純に他にやりたい仕事があったというのが理由でしたが、大々的に卒業式をやっていただいて嬉しかったです。ついつい泣いてしまったんですけど、なぜかオーナーも泣いていて（笑）。たくさんのお客さんにお手紙もいただいて、今でも見返すと元気になりますね。

――ひげ紳士ってどんな人？

最初の頃は不機嫌で怖かったです。でも、そのときもそうでしたし、今でもそうですけど、お客さんを大事にする人だなと思います。どういう形になるかは分かりませんが、また何かの機会にお手伝いできればと思いますね。

動画出演時の１コマ

ひげ紳士関係者インタビュー ～その2～

「パチンコ店買い取ってみた」の裏方

Pさん

※写真はイメージです

――ひげ紳士との出会いは？

大手パチンコ法人に入社して、店長職を数年間経験した後、中小パチンコ店でも店長として数店舗で働いていました。大手と中小の運営方法の違いを実感しつつ、悪い部分を見過ぎたこともあって、業界を離れようかなと考えていたんです。そんな時に知人からの紹介で、個人でパチンコ店を開業している人がいるので手伝ってみないかという打診がありました。今までの店とは違う形だったこともあって話を受けたのですが、正直これは厳しいなというのが最初の率直な感想です。

――動画を始めた理由は？

自分が働いている業界ではありますけど、以前からパチンコ業界は不透明な部分が多いと感じていました。ですから、ある程度は数字的な部分も含めてオープンにして、正面からユーザーと向き合う配信をやりたいという考えが幸チャレに来る前からあったんです。幸チャレは個人経営であり、オーナーであるひげ紳士はまさに適役だと思って提案しました。

――Pとして気に入っている企画は？

1つ1つ全てに手を抜かないよう心掛けて取り組んでいるので、全ての動画に思い入れがあります。それでもあえて言うなら、やはりえっちゃんの卒業や幸チャレの休業といった節目の動画ですね。

――撮影や編集の苦労について

動画作成に関しては全くの素人だったので、ハードやソフトなどを一から独学で学んだことです。また、観ていただける人に楽しんでもらうための構成や編集など、試行錯誤の連続でした。開始当初はパチンコ業界で動画配信をしているところがほとんどなかったですしね。

——動画での収益について

動画の目的は、あくまでも幸手チャレンジャーというパチンコ店、そしてひげ紳士という人間を知ってもらうことです。ですから、少しでも見やすくするため、途中で広告を挟まないようにしています。そもそも数百万、数十万の再生数を求めた作りでもありませんし、好きになってくれた人が継続的にほっこり観られる動画を心掛けているので、収益は特に意識していません。それでも多少は収益がありますけど、現状ではパートさんの給料の足しになるかなという額ですし、余裕があるとしたら企画で使うといったところです。

——動画でのひげ紳士について

基本的に進行や構成には私自身も声という形で出演していますので、ひげ紳士には自由かつ自然に振舞ってもらえたらと考えています。いわゆる「演者」と感じさせない奔放さがあると思いますし、裏表の無い人柄が魅力ではないでしょうか。

Ｐは声のみの出演

【特別企画】

ひげ紳士SELECTION 思い出深い動画BEST5!

ひげ紳士SELECTION
思い出深い動画BEST5！

その1 チェンクロ生配信

2020年4月18日・5月2日

動画 QR

コロナによる休業中、『チェインクロニクル』でエンディングを目指す生配信 (YouTube LIVE) を計2回行いました。1回目は3戦すら突破できませんでしたが、2回目で奇跡のエンディング到達。コロナ禍のなかで多くの視聴者に観ていただき、おかげさまでスーパーチャット (いわゆる投げ銭) も3桁万円近くまで集まりました。

1回目の生配信

約5時間ほど実戦したものの (設定6)、結局は一度もエンディング到達ならず。途中、誤って「ちぇんくろ学園」に突入させたところは、ある意味で大きな見せ場の1つだろう。

前回に引き続き、独自の攻略法(?)を駆使しながらエンディングに挑んだひげ紳士。そして約3時間の実戦の末、見事にエンディングへ到達することができた。歓喜の姿は必見だ。

ひげ紳士SELECTION
思い出深い動画BEST5!

その2 初心者の為の幸チャレPV

第26回

第26回は「幸チャレを楽しむ8箇条」を提案した動画で、えっちゃんがお客さん役として出演しています。ここで景品の瓶コーラが初登場し、実際に来店されたお客さんからの注文数が一気にアップ。以降は幸チャレの名物になりました。ちなみにラストは衝撃の結末になっていて、僕のお気に入りの動画の1つです。

動画QR

幸チャレの名物・瓶コーラはこの動画で初登場。その後は注文数が急激に伸び、多い時は月に200～300本も出たそうだ。ちなみに、この動画ではえっちゃんが注文すると……!?

動画のテーマは「幸チャレの楽しみ方」で、コミカルな寸劇が行われる。最後、えっちゃんが見た光景（＝オチ）は一見の価値があるだろう（上記の画像ではない）。

ひげ紳士SELECTION 思い出深い動画BEST5!

その3 ポケモンGOで幸チャレGO

第44回

当時大流行していた「ポケモン GO」にあやかって、幸チャレの集客を企んだ動画です。「パチンコ店買い取ってみた」では、たまにこのようなパチンコとは一切関係ない、ただのおじさんがはしゃいでいる企画もあります（笑）。こういったテイストの動画、個人的にはもっとアップしたいと思っているんですよね。

動画 QR

幸チャレでポケモンをたくさん捕まえられることを証明し、お客さんに来てもらおう……という企画。店内外で奮闘し、ようやく1匹目のポケモンを見つけたひげ紳士は大はしゃぎ。

近所の神社まで繰り出したり、店内の隅々まで調べたものの、結局のところショボいポケモンしか見つからず。当初の目論見は外れたが、どこか満足げな顔をしている。

ひげ紳士SELECTION 思い出深い動画BEST5!

その4 第1部最終回 1月31日当日

第124回

みなし機撤去による休業に入る前の2018年1月31日、営業最終日の模様を撮影した動画です。本当にたくさんのお客様にご来店いただき、幸チャレの歴史のなかで最も嬉しくもあり、悲しくもあった1日でした。今でもこの日の動画を見返すと、何だか勇気が湧いてくるというか、奮起する自分がいます。

動画QR

当日の営業は2部構成で、1部はいつもの通常営業、夕方の2部では全台を無料開放。関係者を含めて多くの来客があり、ひげ紳士は終始慌ただしく動いていた。

閉店時にお客さん１人ずつと握手を交わしながら、涙を流すひげ紳士。動画の最後には「Fin?」と書かれており、実際に数週間後には「外伝」シリーズが始まった。

ひげ紳士SELECTION
思い出深い動画BEST5!

その5 ひげ紳士

第55回

動画配信を開始してから約1年。えっちゃんの卒業も決定したので、節目として1人での撮影にチャレンジした動画です。決意を新たにするため、髭も剃りました（動画開始から2回目）。これまでの幸チャレの経緯や自分の経歴などを振り返っていて、今考えると自身を鼓舞するために作成した動画だったと思います。

動画 QR

Pとえっちゃんがいないため、どこか緊張気味のひげ紳士。動画にはテロップも付いておらず、語られる内容も真面目そのものだ。普段とは一味違ったテイストになっている。

出演者がひげ紳士だけになったのは、えっちゃんの卒業がきっかけで、その経緯も動画に収められている。これらも視聴すれば、第 55 回の動画がより楽しめるかもしれない。

Youtuberホール社長

ひげ紳士の挑戦記 ～大衆娯楽を取り戻す!～

今ねまだ準備中でバタバタ入ってるという事で

ひげ紳士先生

なんですか？

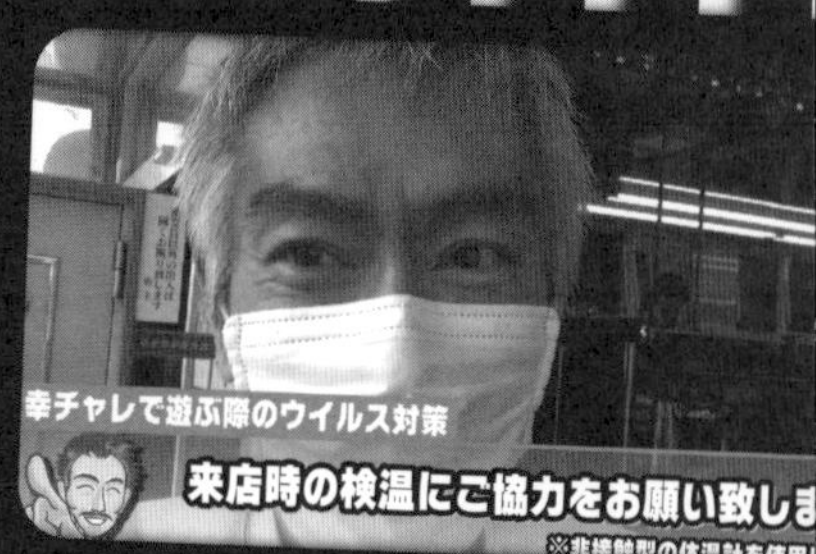
幸チャレで遊ぶ際のウイルス対策
来店時の検温にご協力をお願い致しま
※非接触型の体温計を使用

これが貯まるとですね

これうちダメじゃん！

幸チャレオーナー
ひげ紳士

ひげ紳士
声：幸チャレP

詳しい人来てるんですね

◆第3章◆ ゲームセンタータンポポ

チームタンポポの結成

新たなチャレンジへ

幸チャレが軌道に乗っているのかどうか、その客観的な評価は分かりません。ただ、動画を始めてから多くのお客さんにとって大切な場になっていると自負していますし、それは僕やスタッフにとってかけがえのない財産です。2020年からのコロナ禍の影響は少なからずありますけど、それでも多くのホールが決断している廃業を考えるほどではありません。この先も幸チャレだけに注力していれば、多少の浮き沈みはあるものの、何とかなるのではないかと楽観的に考えています。

だから、あえて手を広げることはないんじゃないか。そう考えもしましたが、それでも何かをやらないと成長できないのではないか、もっと楽しいことができるのではないか。そして、僕が本当にやりたいことは何だったのか——。外的要因ではあったものの、これまでは順調な時にピンチがやってきて、それを乗り越えることで成長できたのだとすれば、チャレンジを止めちゃいけない。そこでスタートしたのが、ひげの店2号店として2020年7月3日にオープンした「ゲームセンタータンポポ」です。

構想自体は2018年1月末の、約3ヶ月間の休業に追い込まれた「みなし機撤去」の時から漠然とありました。思い入れが詰まった幸チャレの台を撤去したくない、それならゲームセンターとして再出発できないかというアイデアが発端でしたが、パチンコ屋からゲームセンターにするのには法的な問題が多々あって断念せざるを得なかった。でも、そこで生まれたアイデアはずっと僕のなかにくすぶり続けていたんです。さらに僕だけではなく、以前から関係があった中古機販売業者「JAC－IN」の佐藤さんや、ハザマ君とも意気投合することになり（2人の話は後述します）、3人で一緒に新しいことを始めようという話になったんです。後に「チームタンポポ」と名付けた3人は、幸チャレ休業というピンチの時に集まった同士であり、その思いを形にするべく各自が動き始めます。

ひげの店2号店への
決意を表明した動画

佐藤さんとハザマ君

ハザマ君はとある遊技機販売業者（通称・販社）で働いていました。メーカーとホールの間に入る形で新機種を売るのが本来の形ですが、中小の販社は中古機を扱うのがメインの業務になっていて、ハザマ君は以前、僕が働いていた「エメラルドプレイランド」に営業に来てからの付き合いです。幸チャレの経営を始めてからは新機種を買う予算なんかありませんし、営業を再開する際も安くて幸チャレらしい中古機を探す必要があり、そのときにハザマ君はほとんど利益を乗せずに受けてくれました。また、佐藤さんは中古機販売業者ですけど、店向けではなくレトロ台を中心として一般向けに販売しているという形で、ゲームセンター化についてや、幸チャレで撤去した機種を引き取ってくれないかと相談していました。とは言え、それ以前からお客さんとして幸チャレに遊びに来てくれていましたし、ものすごいレトロ台のコレクションがあることは存じていたんです。

そして、僕がみなし機への未練を断ち切るため、倉庫に保管していた台を廃棄しようと考えていたときにハザマ君と佐藤さんに再会。ハザマ君は佐藤さんの倉庫に出入りするようになり、レトロ台の魅力にすっかりハマってしまいます。また、佐藤さんもレトロ台を販売するだけではなく、レトロ台が持つパチンコ本来の魅力をもっと多くの人に伝えたいという夢があるんだと話してくれました。2人が熱く語るレトロ台は、僕にとっても特別な存在です。小さかった頃に親父が路上の店で買ってきた台や、子どもだった頃に爺ちゃんが連れて行ってくれたパチンコ屋にあった台など、僕の原体験になった台ほど古くはありません。でも、その原体験があったからパチンコ屋へ通うようになり、高校を辞めてからは（ちょっと寄り道はしましたけど）ずっとパチンコ屋が仕事です。その間には子どもが産まれ、息子を亡くし、かみさんと別れ、今では幸チャレという小さなパチンコ屋の社長オーナーになっている。これまで釘を叩いたり設定を打ち変えたりしていたのは、今となってはレトロ台と呼ばれるパチンコ・パチスロなんです。

佐藤さんもそうですけど、僕と同世代の昭和の終わりくらいに青春時代を過ごした人にとって、思い入れがあるのはアイデアを凝らした役物が楽しい「羽根モノ」、液晶はないけどリーチがかかるだけでアツい「デジパチ」、当たり穴に入れば打ち止めまで一直線の「一発台」、連チャン性が高い「権利モノ」「アレパチ」などのレトロ台だと思います（パチスロだって、液晶なんか搭載されていないものです）。そんな台を時間もお金も気にせず打てる店があったら僕なら通いますし、そう考えている人はきっと多いのではないか。また、ハザマ君がそうであったように、僕よりも下の世代の人でも触れれば魅了されてしまうのがレトロ台です。幸いなことに、佐藤さんが販売しているレトロ台のラインナップは、同じような業者の中ではトップクラス。もし、僕が何かを始めるなら個人的なコレクションから台を貸してくれるという提案もありましたので、漠然と考えていたゲームセンターというものをレトロ台専門という形でやってみたいと思うようになりました。

いざ、物件探し

　ただ、実際にやりたいといっても、そのための箱、つまり物件が必要です。レトロ台を楽しめる空間はどのようなものかと考えると、やはりレトロ台が現役で活躍していた時代を擬似体験できるようにしたい。綺麗な今時のホールにレトロ台が並んでいても違和感しかありませんし、何よりそれでは僕が納得できません。また、実際に玉を手で触って遊べるというのも絶対に必要な条件です。ゲームセンターにあるパチンコは、玉が循環するように改造されているのが一般的ですけど、そんな改造を貴重なレトロ台に施したくないですし、何よりも大当たりしたらドル箱に玉を移したいですよね。昭和のパチンコ屋を再現した形でなければ、僕が考えるレトロ台のゲームセンターではないということです。

最初は単に幸チャレをゲームセンターにして残していくという漠然とした考えから始まった計画は、こうして具体的な形を描けるようになっていきます。このプランを3人で共有し、2019年の夏からまず物件探しがスタートしました。

候補はすぐに見つかりました。埼玉県春日部市のニューラッキーという廃業してしばらく経っていたホールで、外観はいかにも昭和のパチンコ屋。条件にピッタリです。でも、店内は設備が撤去されていて、ここでやるとなったらかなりのお金がかかりそうだなと。とは言え、ひとまず外装が残っているだけでも御の字ですから、まずは大家さんを訪ねて家賃交渉です。同時にゲームセンターとして許可が取れるかどうか、行政とも話し合いを重ねていきますが、どうやら難しいとのこと。みなし機撤去のタイミングで幸チャレをゲームセンターにしようかと考え、断念した理由も許可取りでしたが、どうやらゲームセンターとしてパチ

春日部のニューラッキー

ンコを扱うには「シマとして並べるのは良くない」「補給があるのも良くない」等々、高いハードルがあったんです。なるほど、だからゲームセンターのパチンコは玉を循環させて、それだけで遊ぶようになっているのかと納得させられましたが、やっぱりそれは僕が理想とする形ではありません。

他にもいくつかの候補、駅前にあるとか、すでに廃業しているホールなど、条件に合いそうな物件を見に行きましたが、やっぱりニューラッキーが理想に一番近くて。ニューラッキーにはない台を設置するシマについては、佐藤さんが東北の廃業ホールで昭和時代の設備を見つけていたので、これを移設すれば問題なさそうです。

余談ではありますけど、昔はシマ設備専門の「島大工」という職人さんがいて、もし東北から移設するとしたら助けを借りなければなりませんでした。今は工場で作ったパーツを作業員が組み立てるという形になっていますから、昔のシマを扱える島大工を探さなければならない。現場でイチから図面を引くくらいの技術も必要で、大工と敬意を込めて呼ばれるのは作業員にはない腕があるからなんです。ただ、そんな方はもはや絶滅寸前で、もしかしたらと紹介された人も亡くなられてしまっている。これではシマの移設はできないなと諦めていたら、その息子さんが手伝ってくれると。息子さんは後を継がずに家具屋を営んでいましたが、幸いなことに島大工としての技術は受け継がれていたんです。その方も数十年ぶりに島大工として腕をふるえると喜んでくれましたが、やはり行政側は相変わらず首を縦に振らないまま。残念ながらニューラッキーでの話は暗礁に乗り上げてしまいました。

東北にある廃業ホールから、往年のシマ設備を見つけた佐藤氏。後にひげ紳士自らもその店に出向き、各設備を取り外す作業を行った。その模様は「パチンコ店買い取ってみた」第200回で紹介されている。

福生の奇跡

せっかく理想に近い物件があって、協力していただける人も見つかったのに、重要な許可取りが上手くいかなかったことで我々3人は意気消沈。許可取りは地域によって温度差がありますし、他の地域だったら上手くいっていたかもしれないと思うと、なおさら落ち込みました。ニューラッキーでいけるぞと動いていた2019年も終わってしまい、年が明けてからはもう諦めようかという感じになってしまいます。

そんな時に飛び込んできたのが、東京の福生市にある「タンポポ」が廃業するというニュースでした。物件探しは廃業ホールを中心に行っていたので、営業している店はほぼノーマークでしたが、インターネットで外観を見たらかなり良い感じで。今時の人から見たら単に古臭い店ですけど、我々からしたら昭和の雰囲

パチンコ店時代のタンポポ

気を残したパチンコ屋が残っているのは本当に奇跡以外の何物でもありません。

タンポポは2月いっぱいで廃業するとのことで、佐藤さんがその前日に視察に向かいます。そして、佐藤さんから電話が入り、その第一声が「ここに決めました」でした。さすがに驚かされましたけど（笑）、後になってみると佐藤さんの直感があったからこそゲームセンターとしてタンポポが生まれ変わることになったんですよね。なにしろ2月末で廃業して、その数日後には解体業者が入る予定でしたから。

視察当日、やるならここしかないと即決した佐藤さんは、すぐにタンポポのオーナー（晋也さんと呼ばせてもらいます）に掛け合ったそうです。晋也さんは2代目で、お父さんが始めたパチンコ屋を今まで守ってきた人です。でも、福生の街も変わり、商店街のパチンコ屋が洗練されたホールになるなかで、そろそろ潮時だろうと廃業を決意していました。そこにいきなり、見知らぬ人から「ゲームセンターをやるから貸してくれ」と言われて驚いたそうですが、話だけは聞いてくれると。そのなかで僕の話になり、有難いことに動画を観てくれていたそうで、ゲームセンターの話を前向きに考えていただけることになります。ただし、ニューラッキーが頓挫してしまったように、やはり許可を取れるかどうかが大前提になります。まずはその目処が立つまでは解体工事を待ってくれとお願いし、承諾していただきました。

さあ、今度ばかりは許可取りを失敗できません。タンポポという理想通りの、ニューラッキーとは違って設備も揃っている物件を逃してしまったら、もうレトロ台ゲームセンターという我々の夢を叶えることができないかもしれません。そこでお願いしたのが、風俗業界（パチンコ屋も風俗業です）では有名な許認可のノウハウを持った方です。行政との折衝にも長けていて（埼玉より東京のほうが柔軟に対応してくれたことも大きいと思いますが）、まるで詰将棋のように担当官を説き伏せてくれました。ちなみに「岐阜レトロミュージアム」という、ゲームセンタータンポポのようにシマでレトロ台を動かしている施設がありますが、そこの館長に相談した際に許可取りは「熱意だ」と言われたことがあります。館長は畑違いの業界からレトロ台を愛するあまり、レトロミュージアムを自力で作ったという熱意のかたまりのような人です。もちろん、我々にも熱意はありますが、ちょっと真似のできないレベルなので、こちらはノウハウを持った方に依頼して、結果的に上手くいったという感じでした。

岐阜レトロミュージアム

ゲームセンタータンポポの参考になり相談も受けてくれた「岐阜レトロミュージアム」。レトロパチンコの他に、レトロ自販機やレトロゲーム等も設置されている。

設備や機種の選定

佐藤さんが晋也さんとお話してくれた後、僕もタンポポに訪れるため、初めて福生に降り立ちました。昔は賑わっていたという商店街のなかで、ポツンと生き残っていたタンポポは、規模こそ小さいものの昭和のパチンコ屋らしい雰囲気が残っていて、ここに決まりそうで良かったと改めて思いました。廃業する直前の店を見つけ、交渉してくれた佐藤さんには本当に感謝です。

とは言っても、佐藤さんの倉庫から持ってきたレトロ台に入れ替えれば、すぐにゲームセンターとして再出発できる状態ではありません。2020年までパチンコ屋として営業していましたからプリペイドカードの設備もありますし、古くて味があるというレベルじゃないくらいに劣化している部分もありましたので。まずは幕板を変えて、回転数や大当たり回数が表示されるナンバーランプも昔ながらのランプ（点灯するだけ）に交換します。ちなみに、このナンバーランプも佐藤さんが九州の水没したホールから見つけてきたもの。オーナーのお婆さんのところに何度も通って、その度にちゃんぽんを

昔ながらのナンバーランプ

ご馳走になったそうです。そんなお世話になったお婆さんに、ナンバーランプが甦った姿を見せたかったそうですが、すでに亡くなられており、残念ながらその夢は叶いませんでした。

また、準備している中でタンポポの倉庫を覗いたら、『フィーバーレジェンド』という平成４年のパチンコが10台くらい山積みになっていました。晋也さんに聞くと、思い入れがあった機種なので、検定切れで撤去した後も廃棄できなかったと。どうやら昔は入り口付近に設置していて、タンポポの看板機種だったそうなんです。撤去して10年以上経っていますから状態はかなり悪かったですけど、これはゲームセンタータンポポで是非とも引き継がせてもらいますと。実はＪＡＣ－ＩＮさんには優秀なメカニックのＩさんがいて、彼が『フィーバーレジェンド』を修理してくれました。その他の機種のメンテナンスもＩさんのおかげで維持できていて、ゲームセンタータンポポには本当に不可欠な存在だと思っています。

内装や設備などを改修しながら、どんな機種を入れようかと考えるのは準備期間中の楽しみでもありました。前述の通り、フィーバーレジェンドはパチンコ屋であったタンポポの思い出を残すためにも必須ですが、それ以外は佐藤さん、ハザマ君、そして僕で話し合いながら選んでいきます。レトロ台を提供する立場の佐藤さんからは、まず実際の稼働に耐えるものという条件がありましたが、それも当然ですよね。いくら綺麗に整備してあっても、営業時間中にトラブルの可能性がある台は置けません。その上で「この機種は当時人気があったんだよ」とか、「この機種は玉の動きも面白いから皆さんに楽しんでもらいたい」などを考えて、機種を選んでいきます。

レトロ台の現役当時を知らないハザマ君からは、若い人でも楽しめるものを中心にチョイスしてもらいました。僕はと言えば、個人的に思い出がある機種が中心です。強いて3機種挙げるとすれば、まずは『ローリングマシーン』。これは高校時代、よく通っていた店でしこたま打っていたという青春時代の記憶が強い羽根モノです。『タイムショック』という権利モノは、パチンコ屋で働くようになってから近くの競合店で打ちまくっていました。当時は等価交換の店がほとんどなく、出玉は換金しないで一般景品にすることも多くて、それで息子のためにスーパーファミコンに交換した思い出があります。一般景品は市場価格で1万円が上限だったので、それを超えるスーパーファミコンは本体とコントローラーを別々で交換させられた記憶もありますね。そして、一発台の『メガトロン』は僕が働いていた店に導入されて釘を叩いたんですけど、試打するだけで面白いなと。普通の一発台のように釘を抜けて当たり穴に入るんじゃなくて、ベロが出てきてそこに拾われたら大当たりになるという変わったタイプだったんです。その拾われる瞬間はアソコがキュッてなるくらい痺れましたよ（笑）。

機種ラインナップの一部

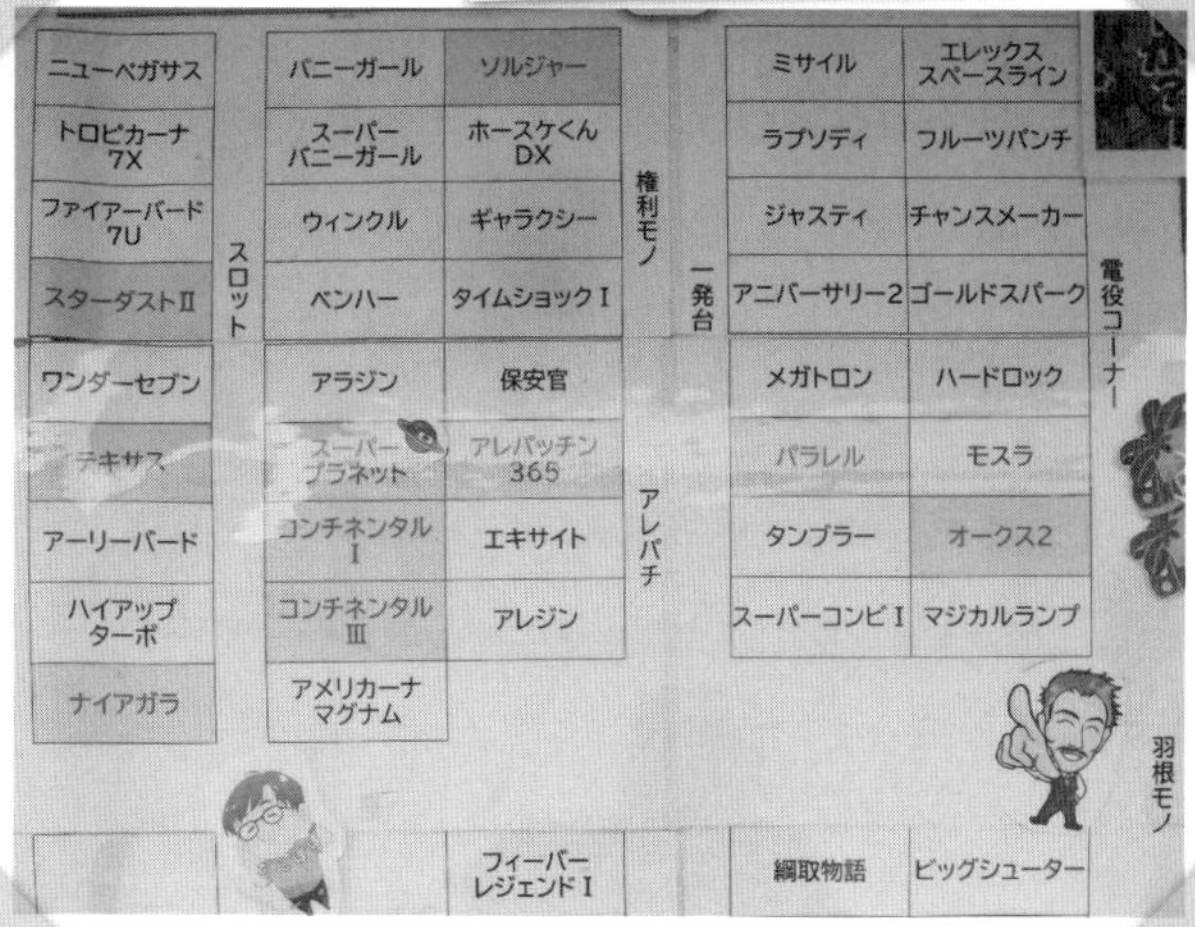

スロット
ニューペガサス
トロピカーナ7X
ファイアーバード7U
スターダストⅡ
ワンダーセブン
テキサス
アーリーバード
ハイアップターボ
ナイアガラ

バニーガール
ソルジャー
スーパーバニーガール
ホースケくんDX
ウィンクル
ギャラクシー
ベンハー
タイムショックⅠ

権利モノ
アラジン
保安官
スーパープラネット
アレパッチン365
コンチネンタルⅠ
エキサイト
コンチネンタルⅢ
アレジン
アメリカーナマグナム

アレパチ

一発台
ミサイル
エレックススペースライン
ラプソディ
フルーツパンチ
ジャスティ
チャンスメーカー
アニバーサリー2
ゴールドスパーク
メガトロン
ハードロック
パラレル
モスラ
タンブラー
オークス2
スーパーコンビⅠ
マジカルランプ

電役コーナー

羽根モノ
フィーバーレジェンドⅠ
綱取物語
ビッグシューター

機種ラインナップはJAC INが保管している機種から慎重に決定する。

※現在のラインナップとは異なります

いよいよオープン

約2ヶ月かけた準備がひと段落し、7月3日のオープンも決まります。その直前になって「ひげの店2号店」として動画で告知をしたら、予想を超える反響があって驚かされました。だって2号店といってもゲームセンターですし、それもレトロ台専門というマニアックな形ですから。みなし機撤去で休業する前の幸チャレにあった機種は、たしかに他の店に比べたら古いものばかりでしたけど、レトロ台と言えるほどのものではありません。それよりも10年、いや20年、なかには30年も古い機種を打ってくれるのか、それも景品に交換できないゲームセンターで……と不安があったんです。でも、皆さんのなかで僕が何か新しいことをやるという興味や期待が先立っていたとしても、これだけ反響があるのなら、しばらくは大丈夫そうだなという手応えを感じました。

オープン告知動画

いよいよ開店の日。最後まで準備に追われた僕は徹夜でフラフラな状態です。とくにゲームセンタータンポポのこだわりとして使いたかった大当たり時の「○○台、スタートしました」という機械音声がどうしても最後まで直らなくて。これがあるのとないのでは、昭和のホールの雰囲気作りに大きな差が出てしまいますからね。そんなとき、颯爽と現れたのが前述したIさんで、「オレにまかせろ」と手助けしていただきました。本当に助かりましたね。

そんな至らない点はいくつかありましたけど、開店の10時になる前から多くのお客さんが集まってくれています。『フィーバーレジェンド』と同じく、倉庫に眠っていた昔のタンポポの制服を着て、気合を入れてドアを開けました。そこからは忙しく動き回るだけで、あっという間に閉店時間になります。本当にたくさんのお客

フィーバーレジェンド

さんが遊びにいらしてくれて、僕と同世代のお客さんからは懐かしさに感動したという声もいただけました。設置している台だけではなく、店の奥で埃を被っていた玉貸機や、その日には直らなかった機械音声なども喜んでいただき、これまでの苦労が報われた思いです。また、店舗の2階に住まれている晋也さんも階段を降りてきて、フィーバーレジェンドを懐かしそうに打っていたのが印象に残っています。佐藤さんが九州のホールオーナーだったお婆さんに見せたかったというナンバーランプもそうですが、いろんな人の思い出がゲームセンタータンポポには詰まっているんです。そして、僕にとっても幸チャレと同じく、残していかなければならない、続けていかなければならない場所になりました。

昭和の雰囲気を
再現した店内

昔の玉貸機

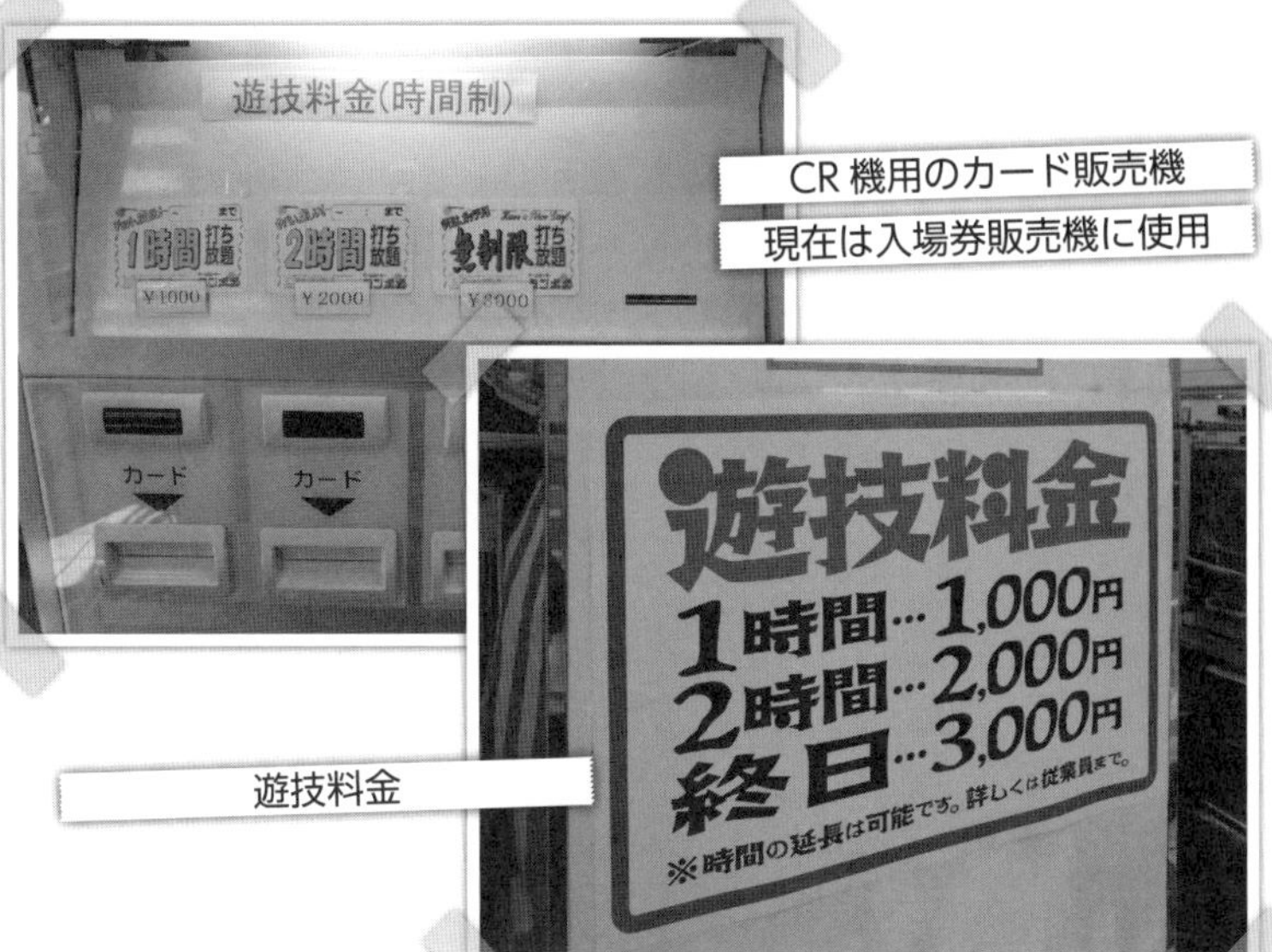

CR機用のカード販売機
現在は入場券販売機に使用

遊技料金

タンポポの現在

地元の常連さんに愛される

ゲームセンタータンポポがオープンした2020年は、新型コロナウイルスの感染拡大という、いわゆるコロナ禍の1年でした。本当なら新しいことを始めるタイミングではなかったのかもしれませんが、おかげさまで多くのお客さんに来ていただいています。

しかも、良い意味で想定外だったのは、近くに住んでいる人が常連さんになってくれたことですね。あらかじめ予想していたのは、僕の動画を観ていただいているようなお客さんで、実際オープン前にSNSで反響があったのも多くはそういう方々でした。これまで動画を観ていただいている方、つまり幸チャレのお客さんは遠方から来ていただける方もたくさんいらっしゃいますから、頻繁に通えないですし、こちらとしても毎日来てくださいなんて言えません。ゲームセンタータンポポもそういうお客さんが大半だと、もちろん有難いのですが、どうしても目標としている売上げに到達するかどうか微妙になってしまいます。

だから地元である福生のお客さん、または電車で一本で来れるようなお客さんが大事になると考えていたところ、思った以上に遊びにいらっしゃってくれている状況です。当初から駅前の物件にはこだわっていましたし、都心からはちょっと遠くても東京でできたのは良かったなと考えています。

マイクパフォーマンス

さらに常連さんを飽きさせないためにも、定期的に入れ替えが必要になります。次はどんな機種を入れるかは、チームタンポポで相談しながらになりますが、稼働が落ちた台を外して新しい（といっても古いものですけど）台を入れるのはパチンコ屋と同じですよね。

ゲームセンターであっても、コンセプトは昭和のパチンコ屋ですから、店の雰囲気作りも大切になります。レトロ台を揃えて設備も当時のものを使ったうえで、さらに何かをプラスしたい。そこで僕が始めたのはマイクパフォーマンスです。今のホールでは店員による「ジャンジャンバリバリ」といったマイクは絶滅してしまった感じですが、昭和のパチンコ屋には必ずあったものでした。僕も最初に働いた店にいた頃からやっていましたけど、当時はマイク主任みたいな人がいたんです。主任といっても役職ではなく、いわば鍋奉行とか宴会部長みたいなポジションで（笑）。まだ若かった僕は、自他共にマイク主任と認められていた先輩のマイクパフォーマンスを純粋にカッコいいと思いましたし、先輩から可愛がられていたこともあって「ちょっとやってみるか」なんてマイクを渡されたときには嬉しかった思い出があります。ドル箱はお客さんが自分で運ぶ時代ですから、店員はトラブルでもない限り、チャラチャラと鍵の束を指で回しながら店内をブラついているだけなので、マイクパフォーマンスは大きな楽しみでもありました。みんなそれなりに粋がっている奴ばかりですから、ふざけたマイクで掛け合いをしてみたり。『ブラボーセンチュリー』で大当たりが出たら「おめでとうございます、ブラボーセン○リー大当たりー」なんて下ネタ全開ですよ（笑）。

幸チャレでは当時を知るお客さんが少ないこともあって、マイクパフォーマンスはやっていなかったんですが、みなし機撤去で休業する最後の日には思い入れがある台の名前を呼んであげたいという気持ちで、久しぶりにマイクを持ちました。あくまでイレギュラーではありますが、それで僕の中の「マイク主任」が目覚めてしまったようで……。ゲームセンタータンポポでは僕も楽しみながらマイクを握っているものの、オープンしてしばらくはぎこちなかったですね。でも、レトロ台に囲まれていると、若かりし頃の記憶が甦ってくるんです。今ではすっかり名物になったと思い込みながら、さすがに下ネタはやりませんけど、マイクパフォーマンスを続けています。

昭和のテーマパーク

ちょっと話が逸れてしまいましたが、つまりゲームセンタータンポポはただのレトロ台で遊べるゲームセンターではなく、昭和のパチンコ屋をイメージしたテーマパークなのかなと考えています。そして、僕を含めたチームタンポポはパチンコ屋そのものだと思って向き合っています。ならば、それに合わせたお土産もあったほうが良いのかなと思い、（景品に交換はできませんけど）出玉のレシートをお渡しするようにしていますし、せっかくならちょっとでも売上げを増やしたいと「無制限」とか「ラッキー台」みたいな当時のパチンコ屋にあったプレートのキーホルダーを販売するガチャガチャも始めました。他にも、玉貸し機を当時のままの台と台の間にあるハンバーガーを設置し、硬貨ではなく特製のメダルで遊んでいただくようなことも考えています。もっと昭和のパチンコ屋に近づけることで、近所のお父さんが散歩の途中で立ち寄ったような、そして、お父さんに連れられた子どもがキラキラとした目で台を見ていたような、本当に大衆のための娯楽だった頃のパチンコ屋になるんじゃないかと思っています。子どもと一緒に来店できたあの頃のように、少しでもおおらかだった時代の雰囲気を感じられるようにしていきたいですね。

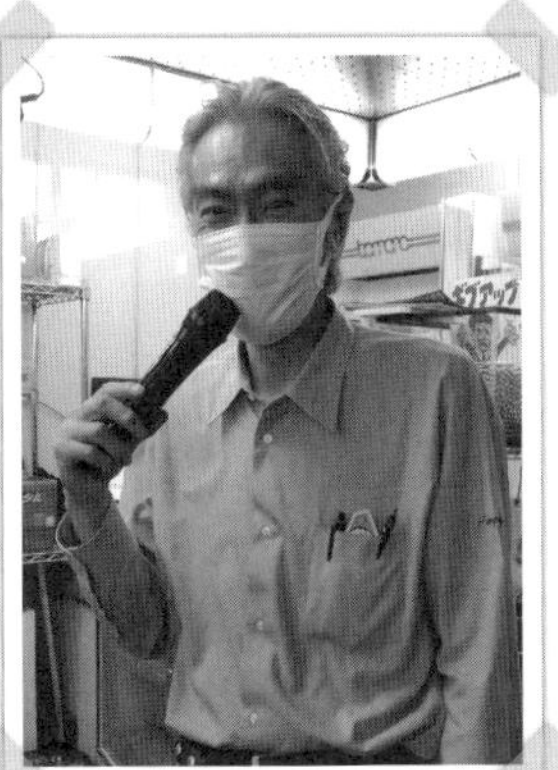

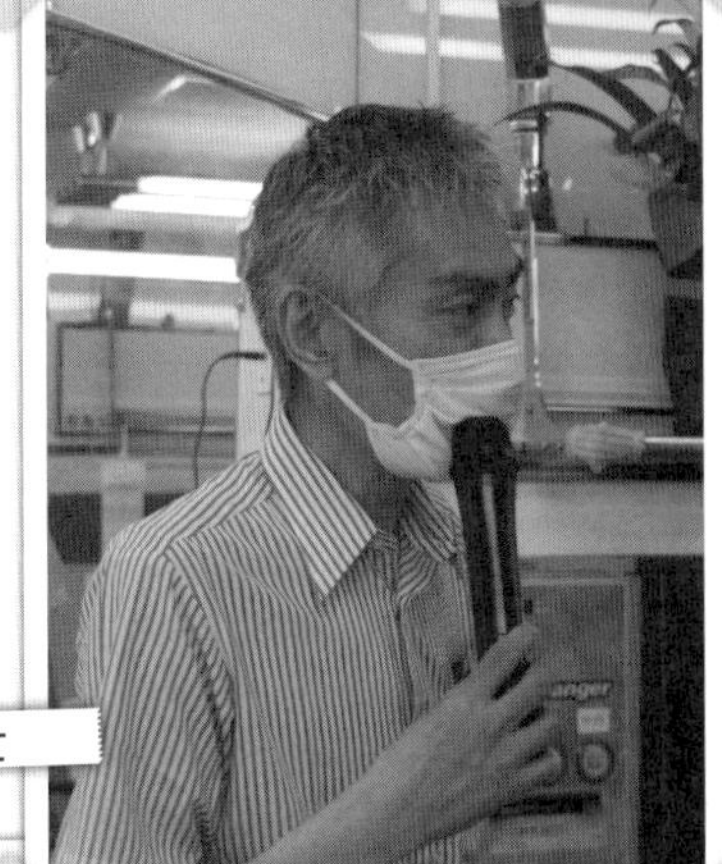

マイクを握るひげ紳士

タンポポ特製ガチャガチャ

当時のままのラッキー札

未来の大衆娯楽へ

サブスク方式のパチンコ店

そして、ゲームセンタータンポポを始めたことで、また新しいことをやりたいなと考えるようになりました。というと「ひげの野郎、またピンチなのか」と思われるかもしれませんが、今回は残念ながら（？）そうではありません。ピンチではないのに乗り越えたい、チャレンジしたいと思ったのは、もしかしたら僕にとって初めてかもしれませんが、だからこそ本気で考えていることがあります。

それは定額制、今風の言葉で言うなら「サブスク」のパチンコです。ゲームセンタータンポポは1時間で千円、2時間で2千円、3時間で当日打ち放題という料金形態で営業していて、これはパチンコ・パチスロのゲームセンターでは一般的なスタイルです。でも、タンポポはゲームセンターという形態ですけど、僕を含めてチームタンポポの3人は、あくまでもパチンコ屋だと考えています。景品に交換することはできませんが、景品の代わりに楽しい時間と思い出を持ち帰ることができる。そして、レトロ台の現役当時を知っている人には懐かしい時間を提供するパチンコ屋なんです。

そう思ったのは、ゲームセンタータンポポに来ていただいたお客さんがみんな笑顔だからです。今のホールって、どちらかと言えばギャンブル場に近い存在ですよね。だって店から出たときに考えるのは、勝ったか負けたかのどちらかですから。昔のパチンコも、たしかにそういう部分はありました。でも、純粋に面白さを求める気持ちもあったと思いますし、少なくとも僕はそうでした。そして、ゲームセンタータンポポは勝ち負けはありませんが、面白かったかどうかを語れる店なんです。景品に交換できる幸チャレだって、勝ち負けだけではない店を目指しています。娯楽って本来はそういうものですし、そこにギャンブル要素もあったからこそ、昔のパチンコ屋は「娯楽の王様」を名乗っていました。ギャンブルとは言っても本当に小遣いの範囲でしたから、大衆のための娯楽だったと思うのです。

ゲームセンタータンポポは一日中遊んでも3千円。正直、今となっては価格設定を間違えたかなと思うこともあります（苦笑）。実際に利益を出すのは難しい金額ですけど、映画館へ行ってポップコーンとドリンクを買ったらこれくらいの金額だとすれば、それ以上のお金はいただけません。娯楽の王様を甦らせたのがゲームセンタータンポポだとしたら、他のレジャーよりも満足感を高くしたいですし、そのために値段は据え置きにしたい。とにかく、我々スタッフが頑張れば良いんですから。

さらに、サブスクという新たなパチンコの形を確立できるとしたら、それは決してレトロ台だけにこだわる必要もないと思います。ゲームセンタータンポポがレトロ台専門になったのは、僕を含めたチームタンポポの全員が好きだからと同時に、タンポポという素晴らしい物件があったからです。でもたまに、ゲームセンタータンポポにやってきたお客さんから「あれ、海物語はないの?」とか「4号機のパチスロ北斗の拳はないの?」なんて聞かれるんです。そういうニーズがあるとしたら、もっと新しい機種を揃えたゲームセンター（パチンコ店）もやれるんじゃないかと。10～20年位前の、ちょっとだけ古さを感じる外装や内装が残っている廃業ホールを借りて、僕より一世代若いお客さん向けにやるのも面白いのではないでしょうか。今のホールではできない煽りに煽ったイベントの開催や、パチスロの設定打ち変えをお客さんの前でしちゃったり。もしかしたら、最新機種でやっても良いかもしれません。最近の機種には、打ち込むことでポイントを貯めると新しい演出が追加されるようなものもありますから、若い人のニーズも満たせるはずです。

パチンコへの恩返し

そんなことを考えていると、他にもさまざまなアイデアが湧いてきます。格闘ゲームの全国大会のような催しも面白そうです。一発台をいかに早く大当たりさせられるかとか、パチスロの目押しの腕を競ったりとか。大手メーカーさんが「Pスポーツ」という遊び方を提案していますが、その会場に使ってもらえるならすぐに立候補しますよ（笑）。

このように話すと、今のパチンコ・パチスロを否定するみたいですが、そのつもりは一切ありません。現在の姿は時代に合わせて進化した結果ですし、射幸性が大きな魅力なのは紛れもない事実です。でも、全部が全部「右にならえ」ではなく、僕みたいな変わり者が一人くらいいたほうが面白いですよね。大手さんにはとても太刀打ちできないから、ニッチなところで生きていきたい。幸チャレでは売上げや稼働など、本来なら見せてはいけないものを動画で堂々と公開している。そして、ゲームセンターという形ですけど、タンポポではサブスクという新しい形にチャレンジしている。これらは禁じ手かもしれませんが、これが僕が生き残るための方法です。

会社を大きくしたい、たくさん儲けたいという気持ちがないといったら嘘になります。でも、目指しているのはそこではありません。オーナーであり社長であっても現場に出て、お客さんと他愛もない話をしながら、一緒に楽しめればいいいんです。そのための場所として、古くて小さい幸チャレ・ゲームセンタータンポポを軸に、娯楽としてのパチンコをあれこれ模索していくつもりです。僕がパチンコに救われた恩返しとして、パチンコで笑顔になれるお客さんを一人でも増やせるのなら、こんなに幸せなことはありません。

ひげ紳士関係者インタビュー～その3～

タンポポのホール時代のオーナー
晋也さん
※写真はイメージです

――パチンコ屋だった時代のタンポポについて

私は今57歳で、生まれる10年前の1953年に親父が始めた店でした。親父は親戚のパチンコ屋で働いていて、その暖簾分けで独立したという形です。もちろん、パチンコはまだ手打ちの時代で、シマの裏には玉を補給する人がいましたね。子どもの頃、店の下に行くと、みんなに可愛がってもらった思い出があります。

――店舗の2階に住まれていたんですね

今でも母親と一緒に住んでいます。親父は91歳で亡くなり、今は2人暮らしですね。ただ、昔は従業員の寮でもあったので、たくさん住んでいましたし、賑やかだったですよ。

――パチンコ屋の2階での暮らしは？

小さい頃から店で遊んでいて、従業員のおばちゃんからは親戚の子どもみたいに接してもらっていました。店で外れた台を貰って遊んでいましたから、小学校になるくらいにはいっぱしの釘師を気取るようになって。はかまは狭いほうが出る台になるんだよなんて（笑）。

――子どもの頃から2代目になると思っていた？

何となくは考えていましたけど、やはり外の世界を見たかったので、高校を卒業してからは他で働いていました。でも、親父から手伝ってくれと言われて、二十歳くらいからずっとここですね。

――その頃の福生の様子は？

福生という街は米軍の基地があるんです。昔は活気

がありましたし、基地で働いているアメリカの人もパチンコ屋に遊びに来られていました。ただ、少しずつ街としての元気がなくなり、特に昔は商店街だった店の回りは寂れていって。近くには他に2軒のパチンコ屋がありましたが、2010年、2016年と廃業してしまいました。

福生の米軍基地

――タンポポの廃業について

2020年にパチンコ屋としてのタンポポは廃業しました。その1年位前から、そろそろ限界かなとは考えていたんです。古い機械をいつまでも使っていられないし、新しい機械を買うにも値段は昔の2倍以上です。設備だって新しくしたくてもなかなかできないですから、もう潮時だなって。子どもの頃は近所の人や米兵で賑わっていましたけど、もうこんな小さな店が続けていける時代ではないんでしょう。

当時の入口

当時から残る看板

――2020年2月29日が最後の営業でした

閉める1週間くらい前に告知したら、昔の常連さんもたくさん来てくれました。久しぶりにちょっと忙しくなって、嬉しかったですね。だから逆に最後の日、シャッターを下ろした後の誰もいなくなった静かな店にいるのは寂しかった。これで終わりかと、しみじみ感じさせられました。

――ゲームセンターの提案を聞いた時は？

最終日に話が持ち込まれて、最初は何のことなのかさっぱり分からなかったんです。でも、話の中に「ひげ紳士」という言葉があって、動画は観たことがありましたから、何となく理解できたのかな。ただ、貸すのは問題ないですけど、設備には期待しないでくださいと。本当にボロボロでしたからね。

当時の店内

当時の店内

――ゲームセンターとしての再出発を見て

自分はあくまで大家という立場ですけど、やっぱりこれだけのお客さんがいて、賑わっているのは嬉しいですよ。昔の良かった頃のタンポポを思い出しますから。近所の常連だった人が遊んでいるのを見かけますし、そういう人が昔の看板機種だった『フィーバーレジェンド』を打ったりする姿を見ると、本当に捨てないで良かったなと。ひげさんが倉庫から見つけ出してくれたんですけど、自分も久しぶりに打って懐かしいなって。個人的には末永く続いて欲しいですし、上にいて店の騒がしい音が聞こえてくるのは、本当に良いものだなと思います。

――ひげ紳士の印象は？

動画で見たままの人ですね。古い台が好きなんだろうなとは思ってましたけど、ここまで愛情を持っているんだなと。そして『フィーバーレジェンド』をこれからもよろしくと伝えたいです。

現在のタンポポ

ひげ紳士関係者インタビュー
〜その４〜

チームタンポポ
ハザマさん

——ひげ紳士との出会いは？

もともと栃木のホールで働いていて、主に機種選定を担当してました。その流れでパチンコ・パチスロの販社に転職し、ひげ紳士が以前に勤めていたチェーン店へ飛び込み営業したのがきっかけです。その後、幸チャレで独立されてからもお付き合いさせていただいています。ただ、新機種はほとんど買ってくれず、値段が安くなった中古機ばかりで商売としてはほとんど儲けさせてもらっていませんけどね（笑）。

——チームタンポポの結成について

２０１８年のみなし機撤去で、幸チャレはほとんどの機種を外さなければいけなくなりました。そこで、ゲームセンター化を検討する中でＪＡＣ－ＩＮの佐藤さんと知り合い、ひげ紳士を含め３人で何かを始めたいと考えたのがきっかけです。しばらくは動き出しそうで動けず、という感じでなかなか進まなかったのですが、タンポポという店に出会ってからはオープンまで一気に走り抜けた形ですね。

——ゲームセンタータンポポについて

コロナ禍の真っ只中でのオープンとなってしまったため、まだ本来のポテンシャルを発揮できていないのかなと思います。また、タンポポとしてもそうですけど、それだけではないところで次の一手も必要になるかなとも考えています。現状については、我々が対応できる範囲としては限界に近いくらいのお客様に集まっていただき、ありがたい限りです。お客様が帰りがけに、「楽しかったよ」と声をかけていただけるのは本当に嬉しいですね。

――ひげ紳士ってどんな人？

最初にお会いしたときは、ひげが生えていませんでした（笑）。それだけではなく、サラッとしたロン毛に銀縁メガネをかけて、脇にはノートパソコンを抱えてるというイケメン&デキる男という雰囲気だったんです。今となってはその面影は残っていませんけど、デキる人であるのは変わっていないですね。仕事のやり方もそうで、今も昔も現場第一主義です。チェーン店では若くして役員になったのに店に出ていましたし、幸チャレでは社長自ら店にも動画にも出ているんですから。幸チャレにいない日はタンポポに、タンポポにいない日は幸チャレにと、休みなしで働いていますけど、疲れたという言葉を聞いたことはありませんね。厳しいときもあったかと思いますけど、それでもマイナスな話は聞いたことがありません。だからお客さん、業者、また地域の人と、たくさんの人から支えられる存在になっているのかな。自分としても尊敬できる存在ですし、近くにいるからこそいろいろと学ばせていただいています。

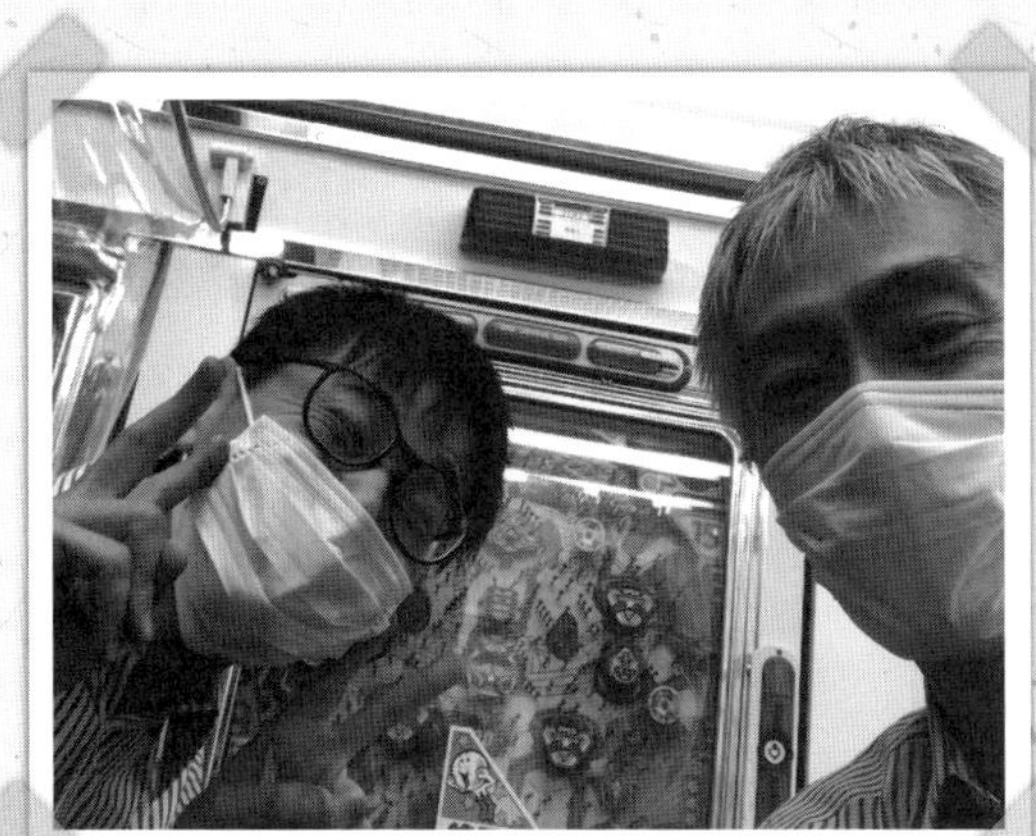

ハザマさんは基本、毎日ホール内の仕事を担当している。

ひげ紳士関係者インタビュー
～その５～

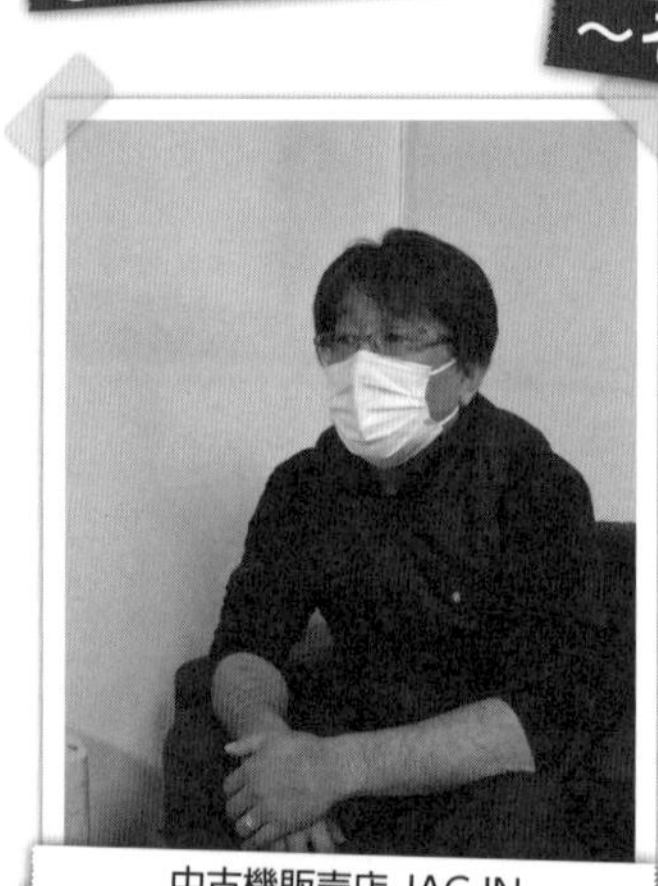

中古機販売店 JAC IN
佐藤さん

――ひげ紳士を知ったきっかけは？

動画を観て、怪しい人がユーチューブをやっているなと思っていたんですよ（笑）。幸チャレの前の道は所要でたびたび通っていたので、いつか挨拶にいきたいなと思っていて、饅頭を持って挨拶に行きました。それがひげさんとの最初ですかね。

――ひげ紳士との合流について

挨拶をしたときに、「中古屋」ですって自己紹介しました。私の簡単な経歴を説明すると、生まれは新潟で、そこでパチプロとしての生活を始めて。それから稼げるネタが出たら全国を回りつつ、その後は東京を地盤にしていました。ずっとパチプロとして生きていましたが、もう稼げる時代ではなくなったこともあって、中古屋として独立。単純に昔の台が好きだったというのが理由ですね。そんな話をひげさんにしていましたから、２０１８年の大々的なみなし機撤去でどうしようかっていう相談があったんです。それでレトロ台ゲームセンターをやるなら、手伝えるかもと。ただ、問題になるのは許可取りで、どうやら埼玉では難しそうだと。幸チャレも入れ替えをして再開することになり、ゲームセンターの話はいったん保留になったんですけど、もし他に良い物件があるなら一緒にやりたいですねってことになったんです。

――チームタンポポについて

ハザマ君もひげさんに紹介されたんですが、彼はレトロ台を知らない世代ですよね。でも、うちの会社の倉庫を見て、これは凄いと。徐々にレトロ台の魅力も分かるようになって、あるときに「これって売ったら終わりですよね」と言われたんです。さらに「ゲームセンターで動かしてあげれば、たくさんの人が楽しめますよね」って。ひげさんとの話もあるし、それなら本格的にできる場所を探そうと。

ひげ紳士がJAC INの倉庫にレトロ台を探しに行く動画も。

──タンポポとの出会いは？

レトロ台を探している中では、いろいろなネットワークがあるんですよ。特に古い店の情報はこの仕事をしているとかなり大事で、あそこが店を閉めると聞いたらスグに飛んでいくんです。そして、目ぼしい台があったら、オーナーを探して「売ってください」とお願いする。場合によっては何年、何十年もシャッターが閉まっているような店で交渉することもありますし、宝探しみたいなものですよね。そんな店のシャッターを開けられるようになったときには、本当にワクワクします。とてつもないお宝が眠っていたりしますから。タンポポもそういうルートから、廃業するみたいですよって話が入り、ゲームセンターの物件を探していたから見てみようと。ちょうど最後の日でしたけど、外観を見た時点でここしかないぞと決めました。チームタンポポの2人には相談もせずに（笑）。その場でオーナーに話をしたら、さすがに怪しまれましたけど、ひげさんの動画を知っていたことで話が進みましたね。その後に許可取りもいけそうだということになって、念願のレトロ台ゲームセンターをやれることになったんです。

タンポポ設置機種

――タンポポの機種選びについて

基本的にはひげさんの意見を聞きつつ、自分が選んでいます。基本は会社の売り物の中から選んでいますけど、個人的なコレクションからも出していますよ。自分としては『モスラ』っていう台がイチ押し。あるテレビ番組が私の会社へ撮影に来たとき、某タレントさんが目的の台を打たずにモスラばっか打っていて(笑)。自分と同じ50歳代だそうで、若い頃の思い出があったみたいですね。そういうお客さんがいるから、台を選んでいる側としてもやりがいがあります。

モスラ

――ひげ紳士について

不思議な人ですよ。みなし機撤去の時もそうでしたけど、困ったことがあると逆に明るくなるみたいな。弱みを見せないんでしょうね、だからこちらも頑張らなければって思います。

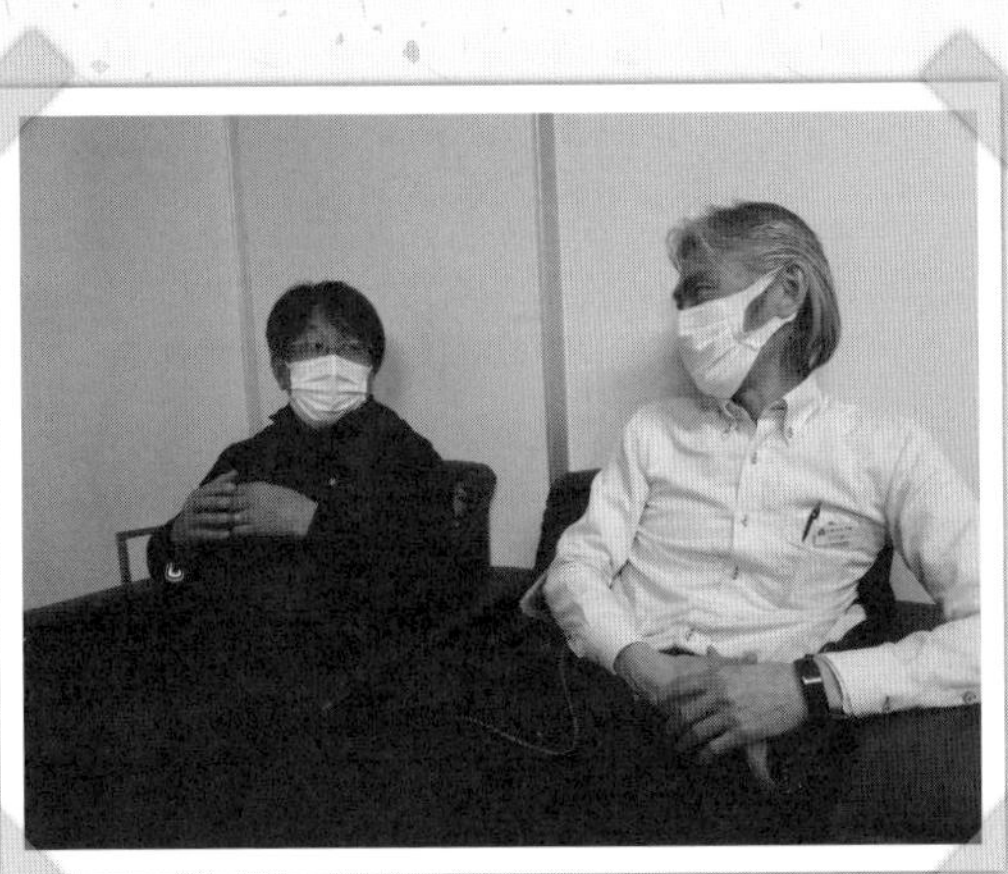

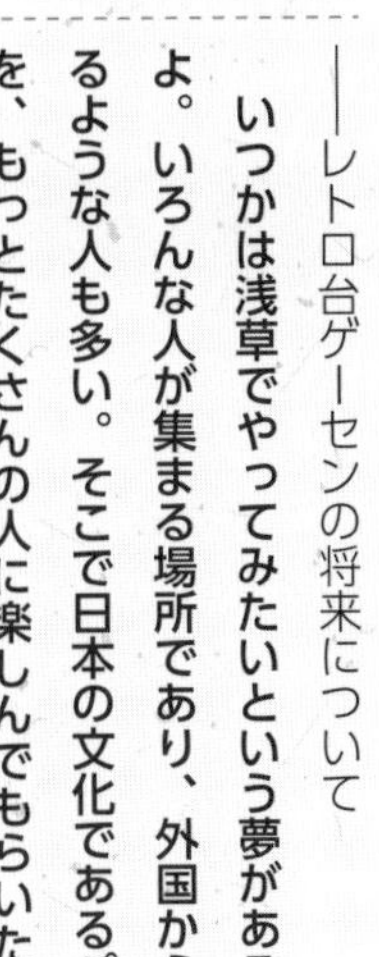

――レトロ台ゲーセンの将来について

いつかは浅草でやってみたいという夢があるんですよ。いろんな人が集まる場所であり、外国から来ているような人も多い。そこで日本の文化であるパチンコを、もっとたくさんの人に楽しんでもらいたいです。もし、良い話があるならチームタンポポとして協力したいですし、一緒にやれればとも考えています。タンポポをベースに、玉の動きだけでも十分に楽しめるというパチンコ本来の姿を、もっと広めていければ良いですね。

【特別企画】

チームタンポポ オススメマシン5選

チームタンポポの３名

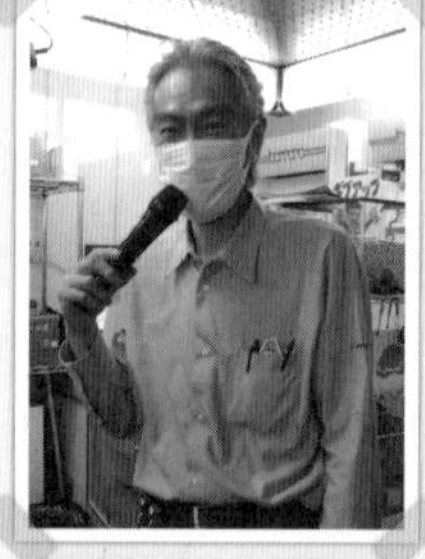

ひげ紳士

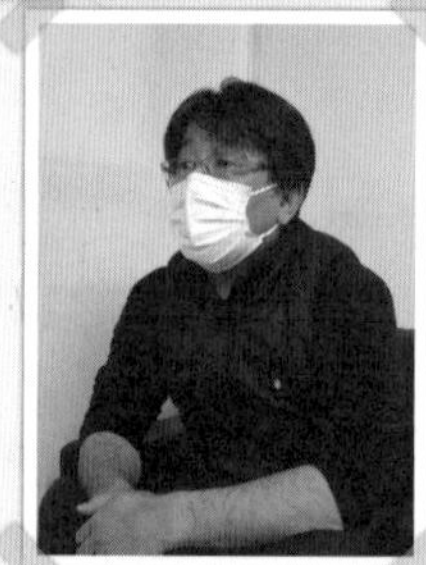

JAC IN 佐藤氏

ハザマ氏

ゲームセンタータンポポ設置台の中から特にオススメする台をピックアップ！

※2021 年 2 月時点の設置機種

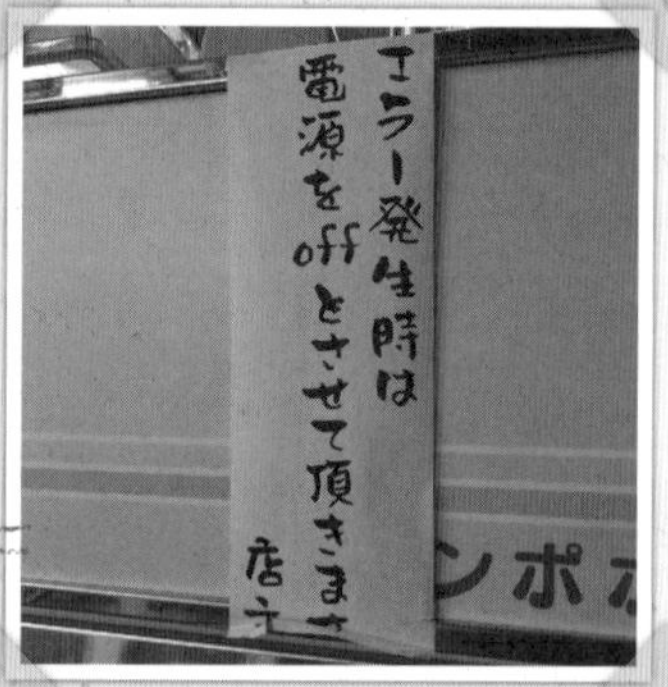

店内には昭和を感じさせる張り紙があるが、実は……!?

「ゲームセンタータンポポ」の機種は全てオススメだが、その中でも注目のマシンをチームタンポポ（主にハザマ氏）に選んでもらった。なお、今回紹介する機種は予告なく撤去される可能性があることをご了承ください。

チームタンポポ オススメマシン１ スペースファンタジー

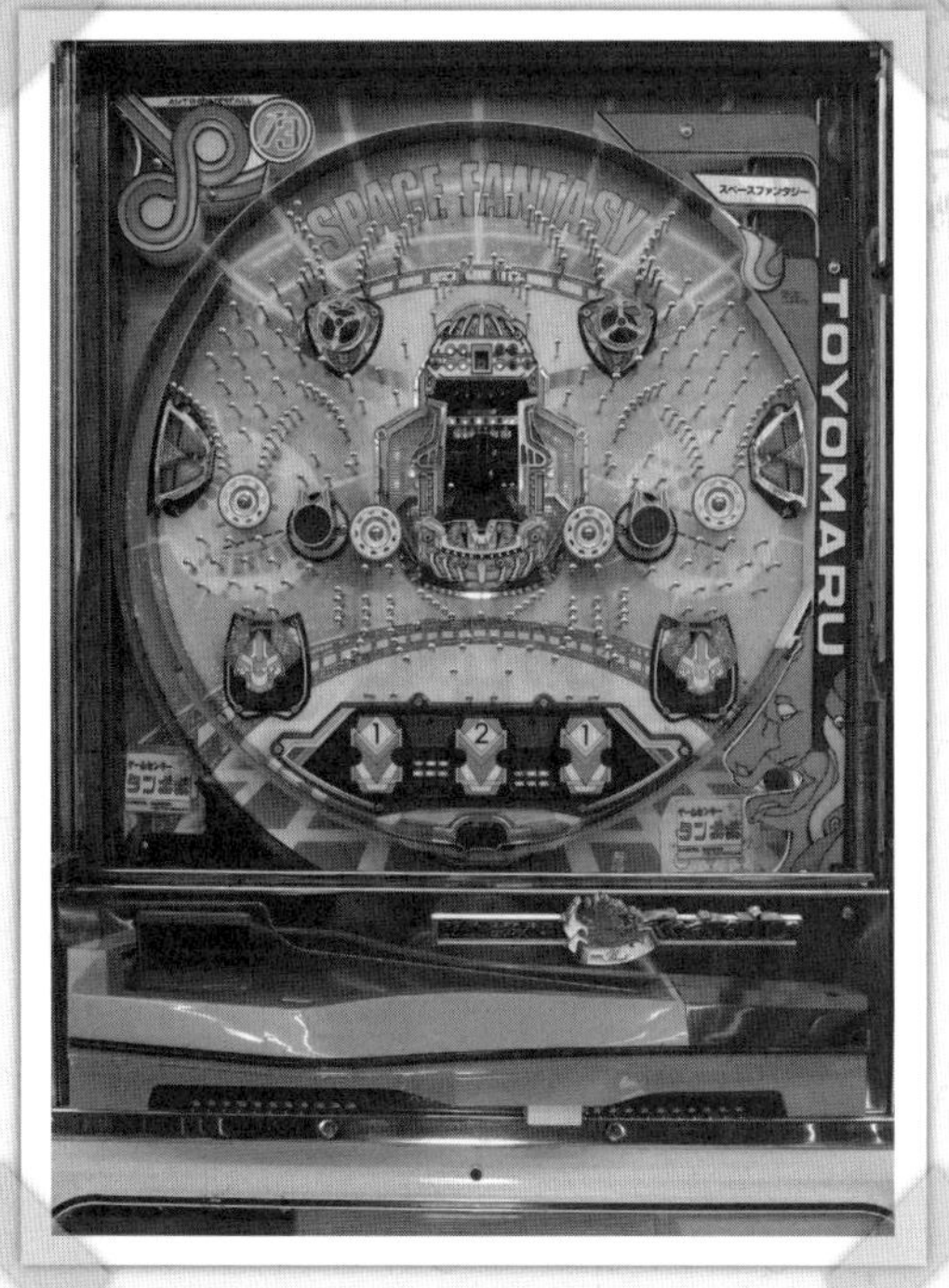

羽根モノの中でも、いわゆる「飛行機台」というカテゴリに入る機種。現役当時はそれほど人気がなかったようだが、デジパチに採用されていた「おまけチャッカー」を転用しているなど、目新しい仕組みもあった。

チャンスメーカー・ハードロックⅡ

チャンスメーカー

ゲームセンタータンポポには、今では打てない権利モノタイプも多数設置されている。『チャンスメーカー』は、クルーンに入った玉が手前の穴に入ると権利発生。デジタルに「0」が止まればアタッカーが全開になって玉がモリモリ増える。

チームタンポポ オススメマシン２ 権利モノ

ハードロックⅡ

『ハードロックⅡ』も権利モノの１つ。役モノ内には玉を飛ばすような仕掛けがあり、最終的に中央部の赤い穴に玉が入れば権利発生となる。ただし、一般的な権利モノとは異なり、頻繁にパンクする特徴がある。

デートライン 21(パチスロ)

『デートライン 21』の魅力と言えば、大量に搭載されたリーチ目だろう。BAR のひし形＝BIG 確定というパターンは、当時のファンを大いに興奮させた。現役時代を知らない人でも、十分楽しめる 1 台となっている。

チームタンポポオススメマシン 3

豊富なリーチ目が特徴

ゲームセンタータンポポでは、パチンコが全 69 台とメイン。パチスロは全 18 台とやや少ないものの、どれも興味深いものばかり。その魅力を是非堪能していただきたい。

ストップボタン攻略台

いずれの台も
ストップボタンを
駆使すると
大当たりが近づく！

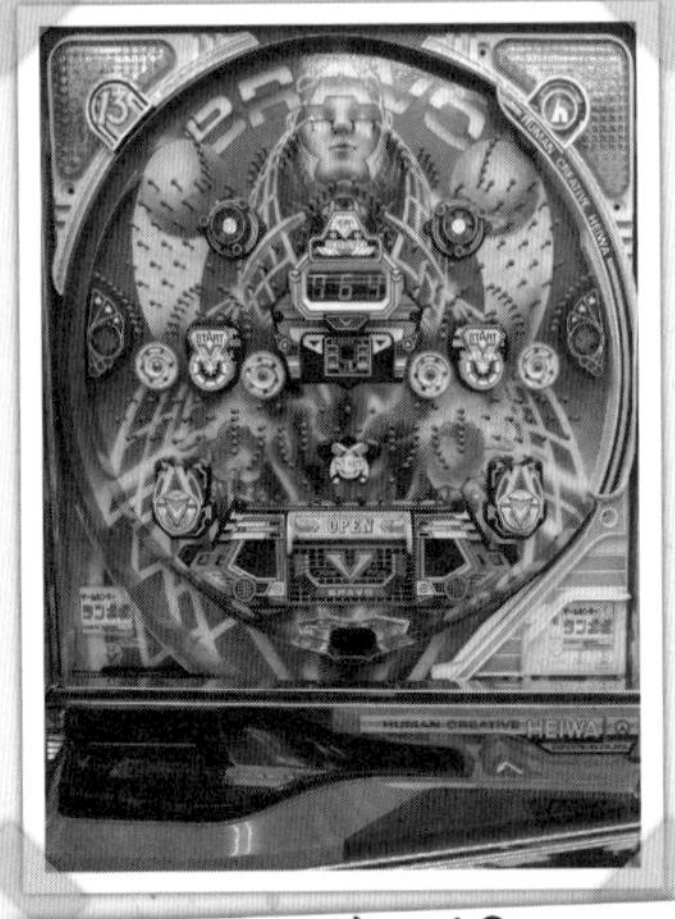

ブラボー 10

ルーキー -Z

チームタンポポオススメマシン４

スーパー７

いずれもデジパチ黎明期の台。デジタルの出目などに応じてストップボタンを押すことで大当たりを狙えるという攻略法が存在した。ゲームセンタータンポポでは攻略法を使用してもまったく問題ないので、是非試してほしい。

攻略法OKの連チャン機

スーパードーム

『スーパードーム』はラウンド開始時に赤ランプの位置を調整することで連チャンを狙える。

エキサイトジャック

最終ラウンドで一定の条件をクリアすると、高確率で連チャンするという攻略法が存在。

チームタンポポオススメマシン５

ソルジャー

『ソルジャー』にも一定の条件で大当たりしやすくなる攻略法が存在する。ゲームセンタータンポポではいずれの台でも「攻略 OK」という方針を打ち出しているので、自ら手順を調べて実戦してみるのも良いだろう。

あとがき

この本を書くにあたり、約半世紀の人生を振り返った形になりました。そこで改めて感じたのは、まさにパチンコと共に歩んできた人生だったなということです。パチンコが趣味のジャンルに入るとするなら、僕の場合は有難いことに趣味＝仕事＝人生になっています。そういう幸せな人生ってなかなか難しいと言われますが、僕はそれほど趣味、仕事にこだわったわけではないんです。ただ好き！　大好き‼　という気持ちがあったからこそその結果なのでしょう。こんな僕が偉そうに言うとしたら、皆さんも純粋に好きなことに今一度、向き合ってみてはいかがでしょうか？

これ良いね～

これまでの人生では、たくさんの人との出会いと別れがありました。そしてその都度、少しずつ強くなったのではないかと思います。また、動画配信を始めてからは、普通の店では体験できないであろう多くのお客さんとの出会いがありました。この体験も僕の人生の糧になっています。途中、何度も心が折れそうになり、挫けそうになりましたが、幸チャレがここまで営業してこられたのはPと出会ったこと、そして視聴者からの応援や励ましの言葉があったからで、本当に感謝しています。

ゲームセンタータンポポを開店して、改めて思ったことがあります。それは、パチンコを通して人は元気になれるということ。ギャンブル（純粋に勝った負けたの金銭のやりとり）としてではなく、遊びとして一喜一憂し、楽しむことができる。パチンコで遊んでいる時って、本当に無心になれるし、だからこそ何かのヒントが降ってくるんです。「こんなことやっている場合じゃないんだよな」とか思いつつ、「そう言えば、あいつが悩んでいたけど、解決策はこれだな」とか閃いたりして。そうやって頭を空っぽにでき

最近ひげさんが面白いって言ってる台なんですけど

ることが、最近のパチンコでは少なくなった気がします。

これって何でだろうと考えたことがあります。僕なりの見解ですが、最近の液晶の演出がメインのパチンコでは、規則的かつ定期的に発射される玉が釘に当たって、その後に不規則に弾かれるのを凝視しなくなっている。また、パーソナルシステムが一般化して（幸チャレでも省力化のために導入していますけど）出玉を数字で捉えるようになり、玉を実際に手に取る機会が減ったためではないのかなと。玉の動きを目で追いかける、玉を手の上でジャラジャラとさせる感覚には癒しの効果があると思いますし、そ

れが失われたのは時代の流れとは言え寂しさを感じます。だからこそ、タンポポでは昭和の雰囲気だけではなく、玉との触れ合いも大切だと考えているんです。もう昔に戻れないパチンコ業界ではありますが、幸チャレやゲームセンタータンポポを通して時代に合わせた新しい形の大衆娯楽をこれからも模索していきたいです。

「昔は良かった」という言葉は、パチンコだけではないのかもしれません。例えば古い映画を観たり、古い自動車に触れてみるのも同じだと思います。とは言え、単純に昔が良くて今はダメだなんて言うつもりはありません。あくまで未来への糧として、昔を振り返ることが重要なのでは？　と思うのです。特にギスギスした今の時代、心のリフレッシュとしてゲームセンタータンポポで（もちろん幸チャレでも、他の店でもです）

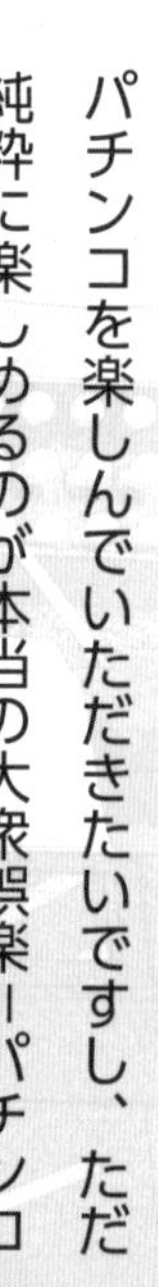

パチンコを楽しんでいただきたいですし、ただ純粋に楽しめるのが本当の大衆娯楽＝パチンコなんだと思います。そう遠くはない未来には、パチンコは封入式という新しい形になると言われています。大きな設備投資が掛かるというのは経営者として頭が痛いですし、もしかしたら僕の考えるパチンコとは違うものになってしまうかもしれません。もしそうなったら、その時が幸チャレのゴールになる可能性もあります。でも、僕にはゲームセンタータンポポがありますし、パチンコという大衆娯楽を末永く残すために頑張って守っていきたいですね。

最後に、僕の人生の恩人から受け取った言葉を紹介しましょう。

「挑戦せずに終わるより、失敗を恐れずやってみることに大いなる価値がある。常に謙虚な姿勢を持ち、『我以外皆師なり』の精神で生きよう」

僕の場合、調子に乗ってはピンチを迎えるということを繰り返してきました。でも、人生も半分に差し掛かり、ようやくまともに挑戦することが少しずつ増えています。そして挑戦した結果、周りの人たちが元気になる、笑顔になると気づくようになりました。こんな時代なので何かと落ち込みがちになりますが、皆さんも小さなことでも良いので、今まで踏み込めなかったことに挑戦してみてはいかがでしょうか。きっと応援してくれる人が現れると思いますし、その結果として笑顔の伝染が起こりますから。世間的には「パチンコ屋なんて」と揶揄されるような仕事に人生を捧げた、どこにでもいる普通のオジサンがそうだったように——。

Youtuberホール社長ひげ紳士の挑戦記 ～大衆娯楽を取り戻す！～

●製作

企画・構成　宇惨 臭蔵
編集　佐々木 篤・山科 拓
デザイン　岡崎 大輔

●発行日

2021年4月15日初版第1刷発行

著者　ひげ紳士

発行人　廣瀬和二
発行所　辰巳出版株式会社
〒160-0022
東京都新宿区新宿2丁目15番14号　辰巳ビル
TEL　03-5360-8064【販売部】
03-5360-8093【編集部】
URL　http://www.TG-NET.co.jp

印刷・製本　図書印刷株式会社

ISBN978-4-7778-2727-5　C0095